W0327368

Photos : Gérard Vinçon
Illustrations : Bernadette Theulet-Luzié
Textes : Valérie Barthe et Bernadette Theulet-Luzié

www.casterman.com

© Casterman 2003

Droits de traduction et de reproduction réservés pour tous pays.
Toute reproduction, même partielle, de cet ouvrage est interdite.
Une copie ou reproduction par quelque procédé que ce soit, photographie, microfilm, bande magnétique, disque ou autre, constitue une contrefaçon passible des peines prévues par la loi du 11 mars 1957 sur la protection des droits d'auteur.

ISBN 2-203-14478-5

Imprimé en France par Pollina, Luçon - n° 90226A.
Dépôt légal septembre 2003; D2003/0053/351
Déposé au ministère de la Justice, Paris (loi n°49.956 du 16 juillet 1949 sur les publications destinées à la jeunesse).

Bernadette Theulet-Luzié • Valérie Barthe

1001 activités pour la maternelle

casterman

TABLE DES MATIÈRES

12 mois de l'année

pour partager, parler, bouger, créer et découvrir tout en jouant !

Nous avons choisi de présenter ces activités selon les apprentissages mis en œuvre dans les écoles maternelles.
À chaque activité correspondent une ou plusieurs notions symbolisées par des petits logos de couleur.

« **Vivre ensemble** » met en jeu socialisation et communication.

« **Sport et jeux collectifs** » concerne la découverte du corps, des notions d'espace et de règles de jeux.

« **Langage** » recouvre à la fois le langage oral (chansons, comptines) et le langage écrit (activités autour du livre et jeux de reconnaissance de l'écrit).

« **Découverte du monde** » appréhende les notions mathématiques (logique, tri, classement, rangement, mesures, nombres et formes) et scientifiques (monde de la vie, des objets, des matières).

« **Créativité et 5 sens** » touche au monde des arts plastiques, de la danse, de la musique, du théâtre... sans oublier l'art culinaire.
Tout ce qui permet d'éprouver émotions et sensations !

Pour toutes ces notions, voici des applications ludiques réalisables à la maison, à l'école, en vacances...

Ce livre offre la possibilité de développer tout un thème ou bien de picorer par-ci, par-là quelques activités. Les thèmes peuvent être utilisés au gré du calendrier (la rentrée, Noël, les fêtes des mères et des pères...) ou en fonction de l'intérêt du moment (le cirque, la maison, le marché...).

Quels que soient vos choix,
bon amusement et bon apprentissage !

ANNIVERSAIRE
MARIE
1 2 3 4 5
6 7 8 9 10 11 12
13 14 15 16 17 18 19
20 21 22 23 24 25 26
27 28 29 30
MUSÉE
DU PARC :
LUNDI 14 H
LEVURE

SEPTEMBRE

LA RENTRÉE

La découverte

La rentrée est le moment de découvertes :
nouveaux amis, nouveaux espaces et nouveaux rythmes.

Chacun son prénom !

Une façon amusante de faire connaissance !

ÂGE : tous

TEMPS : 10 min

NOMBRE : groupe

Déroulement : Les enfants sont en rond. Un enfant dit son prénom. Toute la classe le répète en frappant dans les mains au rythme des syllabes. Chacun se présente à son tour.

Exemple :

Ca –	*ro -*	*line*	*Tho -*	*mas*
Clap !	*Clap !*	*Clap !*	*Clap !*	*Clap !*

Aidez les plus petits en leur montrant l'association geste et syllabe.

Variante : Frappez dans vos mains. Qui devinera le ou les prénoms correspondant à ces rythmes ?

Exemple :

Clap !	*Clap !*	*Clap !*	*Clap !*	*Clap !*
Cla –	*ra*	*Sé –*	*Bas –*	*tien*

Conseil : Écrivez les prénoms au tableau. Qui retrouvera son prénom écrit ?

Comptine des prénoms

Je vais au parc
Je joue avec Jean-Marc
Je vais à la danse
Je valse avec Hortense
Je vais à la musique
Je chante avec Monique

Je vais à la maison
Il y a Ninon !

Je vais à l'école
Je retrouve Nicole
Je vais à la piscine
J'éclabousse Marine

Je vais au sport
Je cours avec Nestor

Je vais à la maison
Il y a Ninon !

Ma carte d'identité

Se présenter

ÂGE : 4-6 ans

TEMPS : 15 min

NOMBRE : individuel

MATÉRIEL :
- papier bristol A4
- feutres noirs fins
- couleurs : feutres, crayons…

Préparation : Divisez une feuille A4 en 4 • Dessinez rectangle et lignes comme sur le croquis.

Déroulement : Demandez aux enfants d'écrire leurs nom, prénom, âge, ville, activité préférée. Dans le rectangle, ils dessinent leur portrait.

Conseil : Aidez les plus jeunes en écrivant ces renseignements.

Utilisation : Collée sur la première page du cahier, cette carte donne tous les renseignements nécessaires en début d'année.

L'initiale décorée

Se familiariser avec l'écriture de son prénom

ÂGE : tous

TEMPS : 10 min

NOMBRE : individuel

MATÉRIEL :
- papier à dessin (25 cm x 32,5 cm)
- feutres de couleur ou cotons-tiges et gouache

Préparation : Divisez les feuilles en 4 • Dessinez l'initiale de chaque enfant en laissant un espace dans lequel vous écrirez son prénom en entier.

Déroulement : Les petits décorent la lettre aux feutres ou avec des cotons-tiges trempés dans la peinture.
Les plus grands trouveront des décors plus élaborés : graphisme, division de la lettre en plusieurs zones, etc.

Utilisation : Fixez cette carte au-dessus du portemanteau de l'enfant, sur son casier, son cahier ou à la maison sur la porte de sa chambre.

À la recherche de Marguerite !

Un vrai jeu de piste pour découvrir son école !

ÂGE : tous

TEMPS : 20 à 30 min

NOMBRE : groupe

MATÉRIEL :
- 1 enveloppe et 1 feuille par lieu à découvrir
- la marionnette de la classe (ou celle fabriquée avec l'explication ci-jointe)
- 1 paquet de bonbons (le trésor)

Préparation : Prévoyez l'itinéraire et les lieux à découvrir (cantine, bibliothèque, salle de sport, autres classes, toilettes, cour…) • Prévenez les adultes participants : donnez-leur une enveloppe contenant un indice pour continuer le jeu • Cachez la marionnette et les bonbons pour la dernière étape !

Déroulement : Annoncez la disparition de la marionnette avec étonnement : « Tiens ! Marguerite n'est pas chez elle aujourd'hui ! (Montrez sa boîte ou l'étagère.) Mais elle a disparu ! Appelons-la ! MARGUERITE !… Mais qu'est-ce que je

vois ! (chuchotez) Une enveloppe dans sa maison ! Vite ! Ouvrons-la ! Écoutez bien : 'Bonjour, c'est Marguerite ! J'ai faim, retrouvez-moi !' Où est Marguerite ? » À la cantine ! répondent les enfants. Ils s'y rendent. La responsable de la cantine les accueille : « Oui, oui, Marguerite est passée par ici. Voici une enveloppe de sa part. »

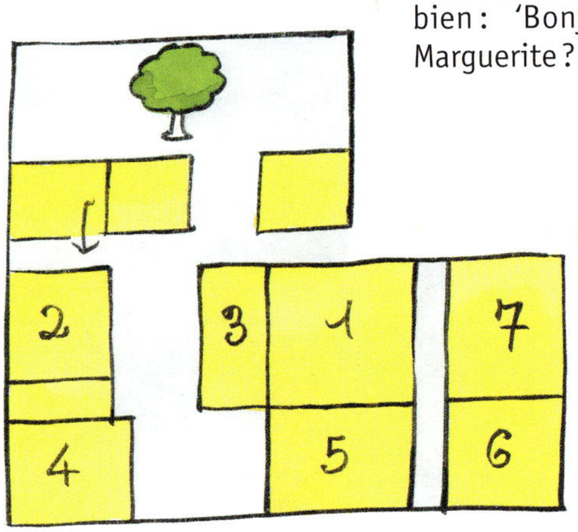

AUTRES EXEMPLES :
« C'est encore moi ! J'ai envie de faire pipi ! » (toilettes)
« Je vais choisir un livre ! » (bibliothèque)
« Je vais voir Nicole ! » (maîtresse des petits) – (même chose avec les autres maîtresses)
« Un peu de sport me fera du bien ! » (salle de sport)
« J'ai sommeil ! » (dortoir)
« Je vous attends avec une surprise »

Le jeu se termine par la découverte de la marionnette et du trésor (cachés dans un creux d'arbre ou accrochés à un portemanteau ou encore dans une boîte à chaussures). Partageons les bonbons !

Variante : Le jeu peut s'adapter à toutes sortes de lieux : centre aéré, centre de loisirs, maison de vacances…

Fabrication de la marionnette

Une mascotte pour l'année !

MATÉRIEL :
- 2 gants de toilette : 1 blanc, 1 rose
- un peu de tissu noir (feutrine ou autre)
- un peu de tissu jaune
- 2 élastiques

Fabrication :

1. Découpez le gant rose comme sur le croquis deux oreilles et un museau.

2. Serrez les deux oreilles avec les élastiques.

3. Cousez ou agrafez les rectangles jaunes avec un carton de 7 x 5 cm au milieu.

4. Découpez d'après le patron (p. 214), la tache, les yeux, la bouche et les narines.

5. Disposez les éléments sur le gant blanc, collez-les ou cousez-les.

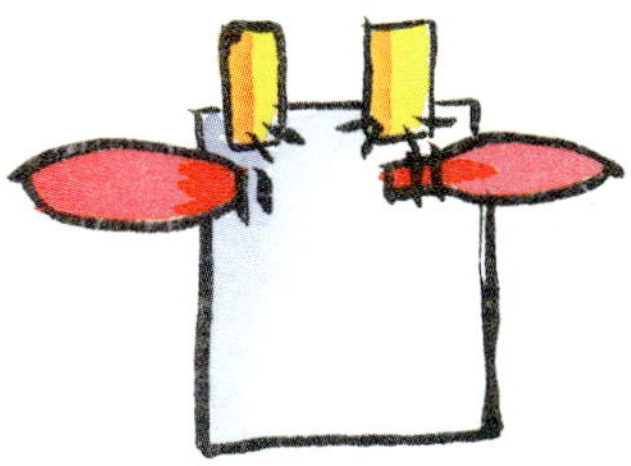

6. Fixez les oreilles et les cornes au dos du gant.

7. Enfilez le gant : « Bonjour, je m'appelle Marguerite ! »

Remarque : Utilisez cette marionnette dès le premier jour de la rentrée. Elle rassure, amuse les enfants et facilite le moment délicat de l'« au revoir ». Elle sert souvent aussi pour poser des questions aux enfants, parfois ce sont eux qui l'interrogent.

Le rangement

Des idées pour apprendre à ranger, à trier, à ordonner…

Le seau à chaussons

Pour ranger aussi d'autres choses

ÂGE : tous

TEMPS : 10 min + 10 min

NOMBRE : individuel

MATÉRIEL :
- 1 bouteille en plastique (vide)
- ruban adhésif de couleur (matériel d'électricité)
- 50 cm de ficelle
- ciseaux
- feutres à gouache ((Posca) (magasins de dessin, un peu coûteux mais durables !))

Préparation : Coupez la bouteille en deux • Collez l'adhésif à cheval sur le bord • Percez 2 trous à 2 cm du bord • Passez-y la ficelle • Faites un nœud aux deux extrémités.

Déroulement : Chaque enfant décore son seau avec deux couleurs de gouache (points, traits, décors espacés et simples).

Utilisation : Les enfants rangent leur chaussons dans ce seau et l'accrochent au portemanteau.

Les pots à crayons

Ranger et trier !

ÂGE : tous

TEMPS : 10 min + 10 min

NOMBRE : individuel

MATÉRIEL :
- 6 ou 8 cartons de lait ou de jus de fruit à base carrée
- des papiers de 6 ou 8 couleurs
- 1 couvercle de boîte à chaussures (avec une pointure 37, on met 6 couleurs avec du 40, on met 8 couleurs !)
- ciseaux, colle
- gommettes

Préparation : Coupez les cartons à 8 cm du haut.

Fabrication : Recouvrez chaque boîte de papier de couleur différente • Avec les enfants, décorez les bords du couvercle • Placez-y les boîtes • Rangez les crayons feutres ou les pastels dans les boîtes de leur couleur. Facile à ranger, facile à transporter !

Conseil : Recouvertes d'adhésif plastifié transparent, ces boîtes dureront plus longtemps.

Le bâton de pluie

Un bruit qui calme, un bruit qui alerte, un signal !

ÂGE : tous

TEMPS : 10 min + 10 min

NOMBRE : individuel

MATÉRIEL :
- 1 rouleau de carton (à demander chez un marchand de tissu)
- 1 clou,
- 1 marteau
- des ciseaux
- des cure-dents
- 1 morceau de plastique (sac)
- 2 élastiques
- 1 cuillerée de riz ou de sable
- de la ficelle fine

Pour la décoration :
- peinture ou papier de couleur
- vernis à gouache

Fabrication :

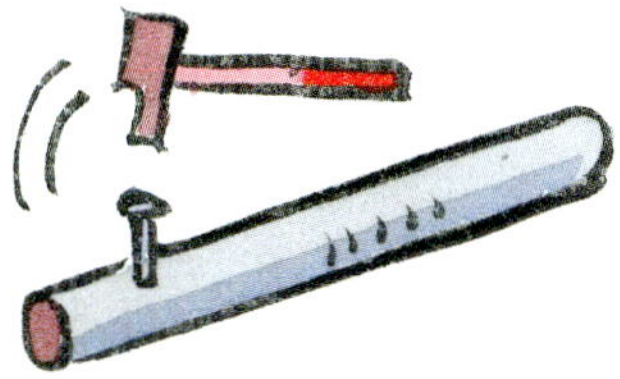

1. Faites une vingtaine de trous sur le rouleau de carton en y martelant le clou.

2. Enfoncez des cure-dents dans les trous, coupez ce qui dépasse.

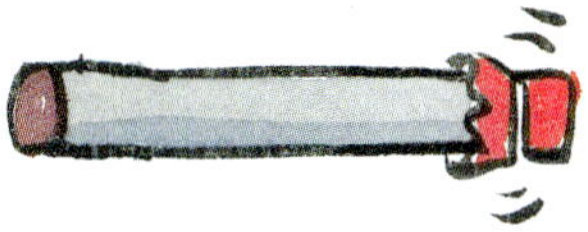

3. Bouchez une extrémité avec un petit carré de plastique serré par un élastique

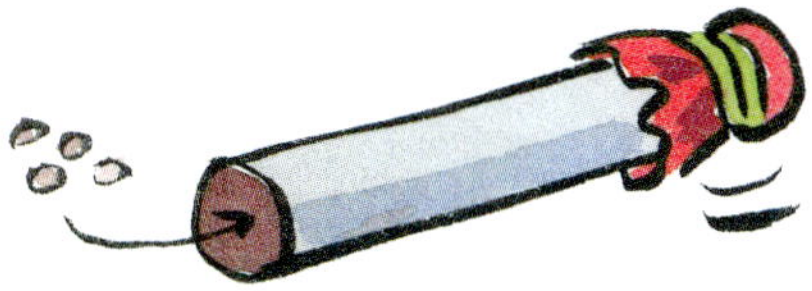

4. Introduisez une poignée de riz ou de sable.

5. Fermez l'autre extrémité.

6. Enroulez de la ficelle sur 3 ou 4 rangées pour cacher l'élastique.

Décoration : Avec les enfants, peignez ou décorez de papiers découpés • Collez ceux-ci • Passez du vernis à gouache.

Utilisation : Quand les enfants entendent le bâton de pluie, c'est le signal de fin des activités puis de regroupement de la classe.

C'est aussi une règle de vie entre les enfants : celui qui a le bâton de pluie peut parler, les autres l'écoutent. Chacun aura son tour de parole. Vous êtes là pour réguler les choses, solliciter les plus timides… et freiner les plus bavards !

Le temps

Les calendriers :

Si les calendriers du jour et de la semaine s'adressent aux plus jeunes, il est important que les plus grands puissent aussi se repérer à plus long terme (calendrier du mois).

Comptine

Bonjour Madame Lundi
Dites à Monsieur Mardi
De retrouver Monsieur Mercredi
Pour aller voir Madame Jeudi
Et Monsieur Vendredi
Car Mademoiselle Samedi
Se marie Dimanche !

La frise de la journée

C'est quand l'heure des mamans ?

ÂGE : 3-4 ans

NOMBRE : groupe

MATÉRIEL :
- 2 feuilles de papier à dessin (65 x 50 cm)
- colle, ciseaux
- feutre noir
- appareil photo (ou papier à dessin blanc et feutres de couleur)

Fabrication : Chaque activité de la journée est symbolisée par une photo ou un dessin.

Exemple : accueil, regroupement, atelier, sport, récréation, repas, repos, atelier, histoire, récréation, sortie.

Collez les photos ou illustrations des activités du matin sur une bande d'une couleur, celle du repas en blanc, celles de l'après-midi d'une autre couleur • Écrivez en dessous le nom des activités.

Utilisation : Référez-vous à la frise à différents moments de la journée. Cette réalisation répondra aux questions des enfants.

Conseil : Pour la maison, on peut inventer un tableau plus simple.

La semaine

Quand irons-nous à la piscine ?

ÂGE : 4-5 ans

NOMBRE : groupe

MATÉRIEL :
- grande feuille à dessin (65 x 50 cm)
- feutres de couleur

Fabrication : Fabriquez une bande de papier de 1 m environ • Divisez-la en 7 parties égales • Écrivez les jours d'école d'une même couleur accompagnés d'un symbole (un sac, par exemple) et d'une autre couleur pour les jours de congé agrémentés d'un autre symbole (maison).
Un petit personnage se déplace (carton + pâte à fixer) pour indiquer le jour. D'autres activités : bibliothèque, piscine... sont symbolisées par des illustrations également amovibles.

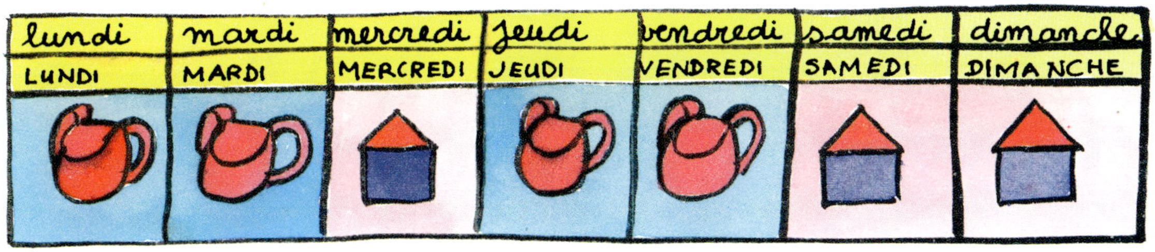

Le calendrier rouleau

Ce calendrier est un vrai jeu pour les petits !

ÂGE : 3-4 ans

NOMBRE : individuel

MATÉRIEL :
- 1 bande de papier de 8 x 80 cm
- 7 rouleaux de papier toilette
- 1 ficelle de 1,50 m
- papier de 2 couleurs
- colle, ciseaux

Fabrication : Divisez la bande en 7 parties • Collez-y du papier d'une même couleur pour les jours d'école, faites la même chose sur les 4 rouleaux • Avec une autre couleur, procédez de la même façon pour les jours de congé • Écrivez les noms des jours sur la bande et sur les rouleaux • Enfilez les rouleaux sur la ficelle dans l'ordre chronologique • Punaisez les deux extrémités sur le mur en dessous de la bande des jours.

Utilisation : Les rouleaux étant rassemblés sur les côtés, l'enfant s'amuse à bien placer le rouleau du jour sous la partie adéquate.

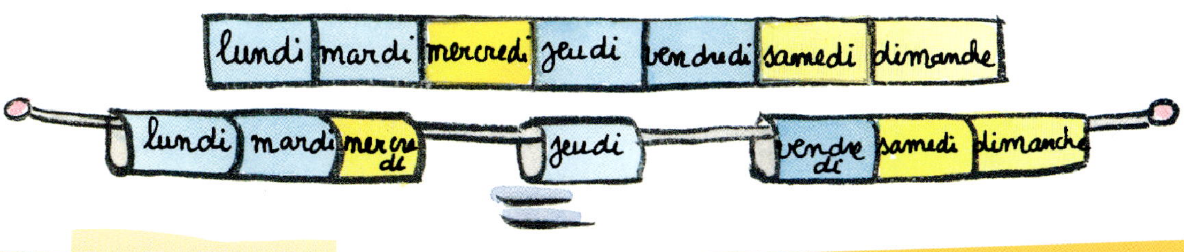

Le train du mois

On fait une sortie ce mois-ci ?

ÂGE : tous

Sur une grande feuille, dessinez le tableau suivant :

Sur ce calendrier, indiquez les jours importants (sorties, invités, visites, anniversaires, piscine, vacances, bibliothèque...)

Le panneau de vie

Petits détails qui apprennent à vivre ensemble et à communiquer !

ÂGE : tous

MATÉRIEL :
- 1 feuille papier affiche verte
- 1 feuille papier affiche orange
- 1 feuille papier affiche rouge
- des feuilles
- des feutres
- 1 appareil à photo

Préparation : Avec les enfants, cherchez et notez des situations où, quand on est ensemble, il est important de faire ou de ne pas faire certaines choses. Par exemple : ranger son crayon, ne pas pincer son voisin... • Prévoyez 3 feuilles de couleurs différentes • Sur la première, écrivez « ce que j'ai le droit de faire » • Sur la deuxième, « ce que je ne dois pas faire » • Sur la troisième, « ce que je n'ai pas le droit de faire » • Sous chaque tableau, écrivez ce que vous avez décidé avec les enfants • Si les idées manquent, suggérez : « Pousser un enfant, c'est... » ou « Ranger le coin poupées, c'est... » • Illustrez ces situations par des photos ou des dessins d'enfants.

Utilisation : Placez ce panneau bien en vue • Quand un petit problème se présente, rappelez les règles communes.

Remarque : Modifiez les propositions suivant l'âge des enfants. N'oubliez pas d'y mettre un peu d'humour ! Écouter l'autre, partager, prendre des responsabilités, ces règles permettent à l'enfant de grandir !

EXEMPLE : À la maison, « ce que je peux faire tout seul »
– Mettre mes chaussures
– Ranger mes jouets…

Calendrier de la chenille

Les anniversaires sont des dates repères pour les enfants

ÂGE : tous

MATÉRIEL :
- 13 feuilles de papier de couleurs vives
- les photos (portraits) des enfants
- 12 bandes de papier de 12 cm de long

Fabrication : Découpez 13 ronds de 20 cm de diamètre • Dessinez une tête sur le premier rond • Fixez au mur (pâte autocollante ou adhésif) la tête et les 12 ronds alignés • Écrivez le nom des mois sur les bandes de papier et collez-les sur le haut des ronds.

Utilisation : Dans chaque rond du mois, écrivez le chiffre du jour d'anniversaire de chaque enfant • Collez leur photo à côté.

Recette de la chenille

Un gâteau extensible !

ÂGE : Tous

TEMPS : 15 min

NOMBRE : groupe

Ingrédients :
- 1 trentaine de tranches de pain de mie rond ou de baguette viennoise
- confiture ou crème de marron
- petits biscuit et bonbons pour les pattes

Préparation : Tartinez les tranches de pain de confiture ou de crème de marron • Disposez ces tranches alignées ou en ondulation sur 1 ou 2 plateaux • Placez les biscuits sous les tranches : ce sont les pattes !• Pour la tête, fendez la bouche et marquez les yeux avec 2 bonbons.

LE PATRIMOINE

Musées et monuments

Chanson

C'est la cloche du vieux manoir,
Du vieux manoir,
Qui sonne le retour du soir,
Le retour du soir,
Ding ding dong
Ding ding dong

Ronde

Ah mon beau château!
Ma tantirelirelire,
Ah mon beau château!
Ma tantirelirelo!

La découverte d'une façade

À la recherche du détail!

ÂGE: 4- 6 ans
TEMPS: 20 à 30 min
NOMBRE: petits groupes

Déroulement: Un groupe d'enfants regarde la façade d'un bâtiment • Demandez-leur de bien observer un détail précis que vous aurez choisi: les fenêtres, les portes ou les balcons...

De retour à l'école ou à la maison, on dessine.

Consigne: D'abord dessinez les éléments essentiels d'une maison: les murs et le toit • Puis reproduisez le détail observé avec le plus de précision possible.

Prolongement: Reprenez le dessin de la façade en grand format avec d'autres techniques (gouache, encre, craie) • On expose toutes ces œuvres dans la classe ou dans d'autres lieux fréquentés par les parents!

ÂGE : 5-6

TEMPS : 15 min

NOMBRE : petits groupes

LES MATÉRIAUX

Déroulement : Les enfants observent la façade et vous notez ce qu'ils décrivent : un toit, des murs, les fenêtres, les portes, les grilles, les balcons... et aussi un chat, une plume, un pot de fleur... Vous les incitez ensuite à énumérer les matériaux : pierre, bois, verre, brique, tuile, ardoise, fer forgé, marbre...

ET PLUS TARD UN MUSÉE DES MATÉRIAUX

Au fur et à mesure de l'année, on se constituera une collection de matériaux : une pierre, une ardoise, une brique, un morceau de liège, de craie, de verre (bords limés et entourés d'adhésif), de bois...

En les touchant, l'enfant exprime ce qu'il ressent : c'est froid, c'est lisse, c'est doux, c'est léger, c'est comme une râpe, c'est plein de bosses...

On pourra reparler de la visite à cette occasion. Il sera également intéressant de réaliser un jeu de kim avec tous ces matériaux.

Jeu du gardien de musée

ÂGE : 4 et +

TEMPS : 5 min

NOMBRE : groupe

LIEU : Extérieur ou salle de sport

MATÉRIEL : des clés

Déroulement : Un enfant est le gardien de musée • Il est assis sur une chaise les yeux bandés • Le trésor (des clés) est caché sous son siège • Les enfants sont assis autour de lui • Un enfant est désigné silencieusement • Il doit essayer de dérober le trésor sans bruit • Le gardien signale s'il entend un bruit • Le voleur retourne à sa place et un autre enfant va tenter sa chance • Le gagnant est celui qui parvient à s'emparer du trésor.

Jeu des statues du parc

ÂGE : 4 et plus

TEMPS : 5 min

NOMBRE : groupe

LIEU : salle de sport

MATÉRIEL :
- des socles : caissettes, bancs, chaises, briques…
- 1 sifflet, tambourin…

Déroulement : Le gardien tourne le dos aux statues, chante ou joue de la musique. Les statues dansent et sautent de socle en socle. Quand le gardien s'arrête, malheur à la statue qui n'est pas sur son socle ! Elle est éliminée.

Nature morte

Pour mieux regarder les peintures et le monde qui nous entoure

ÂGE : 5 et plus

TEMPS : 30 min

NOMBRE : individuel

MATÉRIEL :
- 2 feuilles A4
- peinture, pinceaux de taille moyenne
- 3 objets familiers : 1 pomme, 1 pichet, 1 fleur
- des chutes de tissus ou de papier à petits imprimés rayures, etc.

Préparation : Organisez une visite dans un musée ou une galerie où les enfants pourront observer une « nature morte », sinon montrez des reproductions dans un livre d'art • Demandez aux enfants ce qu'ils reconnaissent sur le tableau • Expliquez : des hommes ont peint des objets. Ce sont des peintres comme par exemple Cézanne, Picasso ou Braque.

Déroulement :

1. Sur l'une des feuilles, tracez une ligne horizontale au 1/3.
   Sur l'autre feuille, les enfants dessinent les 3 objets directement à la peinture (sans ordre imposé).

2. Ils peignent ensuite un cerne coloré, laissent sécher, et découpent.

3. Ils posent les 3 objets sur l'autre feuille et cherchent le papier imprimé qui pourrait servir de nappe. Ils ôtent les objets, peignent le fond, collent la nappe puis les objets.

4. On dessine le cadre ou on colle des papiers. Pensez à signer et à dater l'œuvre !

Une exposition temporaire !

Ancien ou moderne ?

Préparation : Demandez autour de vous (collègues, parents) de réunir des objets anciens et modernes ainsi que des catalogues :
- fer à repasser en métal ou électrique,
- moulin à café et mixeur,
- panier à salade en fil de fer ou en plastique,
- chaussures, vêtements,
- livres, cahiers, jouets,
- cartes postales anciennes et actuelles…

Déroulement : Présentez les objets comme une exposition • Les enfants doivent deviner ce qui est ancien (autrefois) ou moderne (aujourd'hui) • Ils peuvent aussi deviner à quoi sert un objet ancien présenté seul puis comparer avec celui d'aujourd'hui.

Conseils : Le musée peut rester « ouvert » une semaine et être le point de départ de discussions sur le passé, le présent, le futur.

Des statues à croquer

INGRÉDIENTS :
pâte d'amandes de plusieurs couleurs

Préparation : Dans un morceau de pâte d'amandes, chaque enfant modèle un personnage • On regarde, on admire, on croque !

La ville

Une visite de quartier

ÂGE : 4 et +

TEMPS : 20 min

NOMBRE : groupe

Préparation : Prévoyez une sortie de quartier en petits groupes, chacun accompagné d'un adulte.

But : Parcourir un trajet et donner au groupe suivant un maximum de renseignements pour qu'il puisse suivre le même trajet.

Déroulement : Vous marchez avec un groupe et vous vous arrêtez tous les 100 m en notant ce que les enfants signalent : une boulangerie, un feu rouge, nous traversons, une pharmacie, un marchand de journaux… • Au retour, vous relisez… Les enfants sont d'accord ? • Passez les explications au groupe suivant • Le plan est-il bon ? • Réponse avec le prochain groupe…

Intérêt : Bon prétexte pour découvrir l'espace environnant et s'y repérer.

Jeu des feux rouges

ÂGE : tous

TEMPS : 20 min

NOMBRE : groupe

LIEU : salle de sport, extérieur

MATÉRIEL : vélos, cerceaux, carton, peinture de couleur

Préparation : Coupez des carrés de carton de 20 cm de côté, peignez ou collez des ronds rouges, verts ou orange • Dessinez également quelques panneaux de signalisation simples (sens interdit, sens obligatoire).

Moyens de locomotion : Vélos • Cerceaux (enfant à l'intérieur mimant une voiture).

Le parcours : Utilisez des bancs, des cordes, des plots pour marquer le trajet.

Déroulement : 1 ou 2 adultes (ou enfants) indiquent par un panneau (feu ou signal) si le passage est libre ou non • Les enfants circulent en tenant compte des consignes.

Conseils : Pour les plus jeunes, laissez une phase d'expérimentation avant de poser les règles. Puis choisissez un type de parcours par séance : un parcours avec des feux rouges et un autre avec les panneaux de signalisation.

Dans la maison, un tabouret, la laisse du chien, le tuyau d'aspirateur, quelques revues, tout est bon pour créer une nouvelle circulation !

Marguerite et les boutiques

Devinettes et langage

ÂGE : tous

TEMPS : 20 min

NOMBRE : groupe

Préparation : Faites la visite de quartier.

But : Deviner les noms des commerçants et des services de la ville.

Déroulement : Les enfants sont rentrés et la marionnette pose des questions.

MARGUERITE : « J'ai très faim, où vais-je acheter mon goûter ?

LES ENFANTS : « – Chez le boulanger ! »

et ainsi de suite

– Oh là là ! J'ai mal au ventre ! Qui va me soigner ?
– Le docteur !
– J'ai une liste de médicaments à acheter, où vais-je les trouver ?
– À la pharmacie !
– J'ai envie de me distraire, où puis-je aller ?
– À la bibliothèque !
– Au cinéma !
– Au théâtre !

et ainsi de suite.

Mon quartier idéal

ÂGE : 4 ans

TEMPS : 15 min

NOMBRE : individuel

MATÉRIEL :
- feuilles A4 blanches
- 1 feuille 65 x 50 cm
- feutres de couleurs

But : Créer un quartier idéal en suivant quelques règles : organiser un espace de vie, définir des aires, des circulations, des plantations.

Déroulement : Chaque enfant dispose d'une grande feuille • Directement sur la feuille, il dessine les rues en pensant à laisser des voies pour une circulation facile • Il indique le sens de la circulation • Il établit des espaces verts isolés et une rue piétonne • Il définit des commerces : sur les feuilles A4 découpées en petits carrés, il dessine des maisons (les murs, le toit) et un objet ayant un rapport avec le commerce choisi (Écrivez le nom du commerce ou du lieu dans un bandeau) • Il colle ces boutiques le long des rues • Il appose des signaux routiers.

Acheter des fruits pour le gâteau
Promenade en forêt
1 2 3
4 5 6 7 8 9 10
11 12 13 14 15 16 17
18 19 20 21 22 23 24
25 26 27 28 29 30 31
Trier les feuilles

OCTOBRE

LE GOÛT

Comptine pour jouer

Pomme verte
Pomme rouge
Pomme jaune
Pomme d'or
Tu es dehors !
Pomme d'argent
Tu es dedans !

Comptine à mimer

Une grosse pomme dorée
Deux oignons tout ronds
Trois belles poires sucrées
Quatre p'tits champignons
Cinq noix un peu salées
Le compte est bon !

Carnet de recettes

Une recette protégée : bonne idée !

ÂGE : tous

TEMPS : 10 min

NOMBRE : groupe

MATÉRIEL :
- des pochettes en plastique coupées en 2
- des recettes photocopiées (1/2 format A4)
- des feutres
- du ruban adhésif ou 1 agrafeuse

Beaucoup d'occasions dans l'année sont prétexte à réaliser, partager et goûter quelque chose de bon en classe.
Ce carnet de recettes permet de s'en souvenir… et de les recommencer !

Déroulement : Lisez la recette aux enfants (expliquez les mots difficiles aux plus jeunes) • Après la réalisation et la dégustation, demandez de l'illustrer • Glissez-la dans la demi-pochette. Agrafez • Toutes les recettes seront ainsi rassemblées dans un petit classeur.

Les tartines des 4 saveurs

Je prépare, je goûte, je devine !

ÂGE : tous

TEMPS : 10 min

NOMBRE : groupe

MATÉRIEL :
- un foulard
- du pain de mie tranché
- des couteaux à bout rond

INGRÉDIENTS DIVERS :
- sucré : pâte à tartiner au chocolat, confiture, crème de marron
- salé : fromage, pâté
- amer : cacao en poudre non sucré
- acide : tranches de cornichons, jus de citron

Goûter, sentir, déguster, manger de tout s'apprend dès le plus jeune âge. Une façon de reconnaître non seulement le salé et le sucré mais aussi l'acide et l'amer.

Préparation : Répartissez les enfants en 4 groupes • Chacun prépare les tartines avec les ingrédients • Disposez les tartines sur un ou deux plateaux.

Déroulement : La première fois, les enfants goûtent, échangent leurs impressions • Puis les yeux bandés, ils recommencent et essayent de retrouver le nom des saveurs.

Kim-fruits

À l'heure de la collation...

Pour un autre Kim-goût, proposez des fruits de saison : grains de raisin, morceaux de pommes, de poires, kiwis, oranges, rondelles de bananes... s'il en reste, terminez par une salade de fruits !
On goûte, les yeux bandés... et l'on devine !

Comptine à mimer

Pomme de reinette
Et pomme d'api
Tapis tapis rouge !
Pomme de reinette
Et pomme d'api
Tapis tapis gris !
Cache ta main derrière ton dos
Ou j'te donne un coup de marteau :
1, 2, 3 !

(Tapez les 2 poings fermés l'un sur l'autre en suivant le rythme.)

(Cachez un poing derrière le dos ; avec l'autre, comptez jusqu'à 3 et tapez sur la tête du voisin !).

Le goût des pommes !

Affiner ses sens

ÂGE : 3-4 ans

TEMPS : 15 min

NOMBRE : groupe

MATÉRIEL :
- 4 espèces de pommes (5 pommes de chaque)
- 1 panier
- 1 plateau
- 1 couteau

Les pommes ont des goûts, des couleurs et des noms différents.

Déroulement : Présentez aux enfants les différentes espèces de pommes (par exemple, Granny, Reinette, Golden, Gala), que voient-ils ?
Les enfants décrivent les pommes : couleur, nom, forme • Puis ils les lavent, les coupent en morceaux et les disposent sur le plateau • On goûte et on fait des comparaisons : plus sucrée, moins juteuse…

J'ai des pommes à vendre !

Ronde

J'ai des pommes à vendre,
Des rouges et des blanches,
J'en ai tant dans mon grenier,
Qu'elles descendent par l'escalier !
C'est les ri, c'est les rats,
Tous les p'tits enfants
Tournez-vous comme ça !

Déroulement : Faites une ronde et marchez • Sur « Tous les p'tits enfants, Tournez-vous comme ça ! », lâchez-vous les mains, retournez-vous et redonnez-vous les mains dos au centre • Continuez ainsi de suite...

Gâteau délice

Une recette aux pommes très simple !

ÂGE : 3-4 ans

TEMPS : 15 mn

NOMBRE : groupe

INGRÉDIENTS :
- 5 cuillerées de farine
- 4 cuillerées de sucre
- 3 cuillerées de lait
- 2 cuillerées d'huile
- 1 œuf
- paquet de levure
- sel
- 2 belles pommes

Pour la crème :
- 3 cuillerées de sucre
- 80 g de beurre
- 1 œuf

Préparation : Mélangez farine, sucre, levure, sel • Ajoutez lait, huile, œuf • Versez dans un moule à manqué, beurré, fariné • Disposez les pommes en tranches fines dessus.

Cuisson : 25 min à th. 6.
Pendant ce temps, mélangez les ingrédients pour la crème • Versez sur le gâteau au bout de 25 min • Remettez à cuire encore 20 min (th.5).

Remarque : Grâce aux ingrédients de cette recette, il est facile d'apprendre à compter à rebours : 5 cuillerées, 4 cuillerées, 3..., 2..., 1... !

LA FORÊT

Le furet

Jeu chanté pour occuper l'espace, se disperser, se regrouper

ÂGE : tous

TEMPS : 10 min

NOMBRE : groupe

MATÉRIEL :
un anneau enfilé sur une longue ficelle nouée aux deux bouts.

Déroulement : Les enfants se dispersent dans la salle, sans se bousculer • Quand ils entendent « il dort », ils se font tout petits et ne plus bougent plus. Le jeu traditionnel est celui-ci : Les enfants, debout en rond, tiennent la ficelle à 2 mains légèrement écartées. En chantant, ils font coulisser les mains sur la ficelle, l'anneau passe ainsi de mains en mains. Un enfant au milieu observe et doit deviner où est l'anneau quand la chanson s'arrête.

Jeu chanté

Il court, il court, le furet
Le furet du bois, Mesdames,
Il court, il court, le furet
Le furet du bois joli.
Il est passé par ici,
Il repassera par là.

Il court, il court, le furet
Le furet du bois, Mesdames,
Il court, il court, le furet
Le furet du bois joli.
Il dort !

Kim de la forêt

Récolter, observer

ÂGE : tous

TEMPS : 5 min

Pour la promenade : 20 min

NOMBRE : groupe

MATÉRIEL :
un sac par enfant

Ce qui est intéressant en forêt, c'est de ramasser des trésors : pour cela, chacun emporte un sac et récolte : marrons, glands, mousses, écorces, aiguilles de pins, plumes, petits cailloux…
Rentrés de promenade, dessinez un cercle par terre, déposez-y 5 trouvailles de la forêt (plus ou moins, selon l'âge) • Les enfants observent puis se retournent • Ôtez un objet • Qui devinera ce qui a disparu ?

Variante : Ajoutez un objet.

Jeu des ours

Apprendre à maîtriser son corps

ÂGE : tous

TEMPS : 5 min

NOMBRE : groupe

MATÉRIEL :
2 instruments de musique différents (tambourin et clochettes)

Déroulement : L'un des enfants est un ours. Les autres sont des bûcherons qui scient du bois dans la forêt • Au signal du tambourin, les bûcherons doivent s'asseoir et faire semblant de scier. Au son de la clochette, il s'agit de s'allonger comme pour faire la sieste. Attention ! Il ne faut plus bouger car l'ours arrive ! • L'enfant ours, en se promenant parmi les bûcherons, observe celui qui bouge • L'enfant qui a remué est emporté par l'ours et devient ours à son tour. L'ours devient bûcheron.

Remarque : Avec les plus jeunes, jouez à répondre aux signaux sans faire intervenir le rôle de l'ours tout de suite. Quand le jeu sera bien compris, 2 enfants indiqueront les signaux (tambourin et clochette).

Jeu des écureuils

Jouer à plusieurs

ÂGE : 3-4 ans

TEMPS : 10 min

NOMBRE : groupe

MATÉRIEL :
1 tambourin

Préparation : Montrez le tambourin et expliquez qu'au signal les écureuils devront trouver une maison.

Déroulement : Des enfants, par groupes de 2, forment une maison en se tenant les mains • Les autres sont les écureuils et se promènent librement parmi les maisons • Il y a moins de maisons que d'écureuils • Au signal, tous les écureuils doivent avoir trouvé une maison • Les écureuils sans maison sont éliminés ! • Changez les rôles.

Conseil : Pour les plus jeunes, laissez le choix des rôles aux enfants et ne faites pas d'éliminatoires !

Tableaux de la forêt

Retour de la promenade

ÂGE : tous

TEMPS : 20 min

NOMBRE : 5-6

MATÉRIEL :
- 1 grand carton
- colle
- papier blanc et feutre noir

PANNEAUX DÉCO

Un petit groupe dispose les éléments rapportés de la forêt, les déplace, les colle • Dans le haut ou le bas du tableau, on note le jour et le lieu de la sortie, les prénoms des artistes et on expose l'œuvre !

ÂGE : tous

TEMPS : 20 min

NOMBRE : individuel

MATÉRIEL :
- autant de boîtes à chaussures que d'enfants
- du papier kraft

BOÎTES FORESTIÈRES

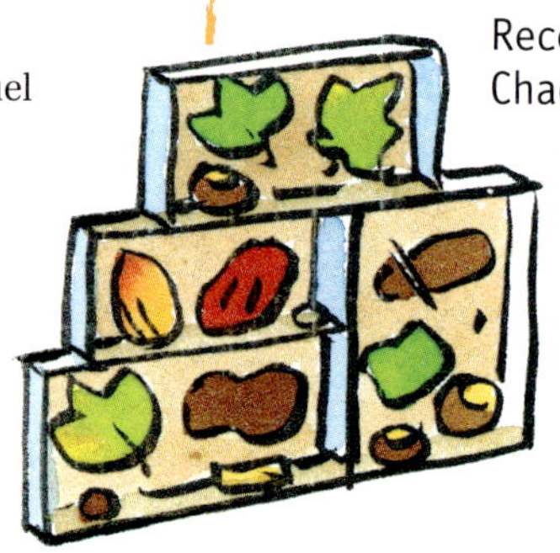

Recouvrez le fond des boîtes à chaussures de papier kraft • Chaque enfant y colle ses éléments naturels • Disposés les uns à côté des autres, ces tableaux donnent un bel effet de volume et de profondeur !

ÂGE : tous

TEMPS : 20 min

NOMBRE : 5-6

MATÉRIEL :
- 1 grand carton
- colle
- feutre noir

PATCHWORK-NATURE

Prenez un grand carton • Avec un gros feutre, tracez des formes simples pour délimiter des zones • Demandez aux enfants de remplir ces espaces en y collant des matériaux naturels distincts.

Conseil : Laissez un bord libre tout autour que vous pourrez décorer.

Savez-vous planter ?

Prolongements

ÂGE : tous

TEMPS : 20 min

NOMBRE : individuel

MATÉRIEL :
- des grands pots de fleurs
- de la terre de la forêt ou du terreau
- des marrons, glands, châtaignes...

Déroulement : De retour de promenade, placez trois ou quatre marrons dans un pot rempli de terre • Placez-le à la lumière • Un enfant est chargé d'arroser quand la terre est sèche • Peut-être verrez-vous apparaître de petites pousses et des feuilles...

Conseil : En forêt près des arbres, on remarque de jeunes pousses. Vous pouvez les retirer (avec de la terre autour), les replanter et assister à la croissance.
Les jeunes enfants seront ravis et fiers d'être responsables des plantations... et gagneront à être plus autonomes !

Les provisions d'hiver

Un bon moyen d'apprendre à compter !

ÂGE : 4 ans et plus

TEMPS : 10 min

NOMBRE : groupe

LIEU : salle ou forêt

MATÉRIEL :
- 30 carrés de bristol
- 50 marrons environ
- 1 corbeille
- 5 boîtes à chaussures

Préparation : Sur les cartons, dessinez des points de 1 à 4 et écrivez le nombre correspondant • Trouvez un emplacement carré • Placez une boîte vide à chaque angle • Au centre, placez une boîte remplie de marrons • À côté, une corbeille avec les cartes.

Déroulement : Faites 4 équipes « d'écureuils » et placez-les aux 4 angles. Mettez-vous au centre. Pour l'hiver, les écureuils doivent préparer des provisions. À votre signal, un écureuil de chaque équipe court jusqu'à la corbeille, prend une carte, emporte jusqu'à sa boîte autant de marrons que de points indiqués sur la carte. Ainsi de suite. Le jeu s'arrête quand il n'y a plus de marrons. L'équipe gagnante en aura récolté le plus grand nombre.

Remarque : Pour les enfants de cet âge, compter ensemble entraîne tout le monde. L'adulte observe si les enfants respectent la correspondance entre le nombre de marrons et celui de la carte.
Les plus grands comptent tout seuls.
Pour adapter ce jeu aux enfants plus jeunes, supprimez les cartes et introduisez une autre consigne : « Transportez un seul marron à chaque fois ».

Le petit Chaperon rouge

Simplifier, symboliser

ÂGE : 4 ans et plus

TEMPS : 2 x 20 min

NOMBRE : individuel

LIEU : salle ou forêt

MATÉRIEL :
- papier blanc (25 x 32,5 cm)
- papier rouge, vert, noir (1/2 de format A4)
- pastels
- peinture
- petites éponges
- ciseaux, colle

Préparation : Pour chaque enfant, un couvercle rempli de peinture diluée verte.

Déroulement : Racontez le conte aux enfants et proposez-leur de l'illustrer.

• **1re séance :** Tracez un chemin horizontal (faites le geste) dans la page avec un pastel • Puis dessinez des arbres au-dessus du chemin. Demandez ce qu'il y a sur un arbre : tronc, branches… (on peut mimer en même temps) • En dessous, dessinez des herbes (traits) • Avec une éponge trempée dans la peinture verte, les enfants passent sur leur dessin et laissent sécher.

• **2e séance :** Distribuez les papiers rouges et noirs • Avec les pastels clairs, les enfants y dessinent le Chaperon rouge et le loup (en traits simplifiés) • Ils découpent ces éléments • Ils collent le loup et le Chaperon Rouge sur le dessin selon leur désir • Il reste, pour les plus courageux, à coller des lanières de papier vert déchiré symbolisant des herbes folles et à colorier des fleurs.

Remarque : Il est très difficile pour les petits de dessiner. On les aidera (le loup : ça ressemble à un chien, 4 pattes, 1 queue) mais la couleur du découpage suffit à la représentation du personnage.
En atelier de petits, le résultat est très satisfaisant pour tous : « C'est comme un théâtre de marionnettes » a dit un enfant en regardant de loin puis de près son dessin !

Prom'nons nous dans les bois !

Jouer de ses peurs

ÂGE : 3-4 ans

TEMPS : 10 min

NOMBRE : groupe

Déroulement : Les enfants chantent :

Chanson

« Prom'nons nous dans les bois ! Pendant que le loup n'y est pas !
Si le loup y'était, il nous mangerait !
Loup y'es-tu ? Que fais-tu ? M'entends-tu ? »

L'enfant jouant le rôle du loup répond : « Je mets ma culotte ! » • Les enfants reprennent la chanson et le loup répond : « Je mets ma chemise ! Je mets mon pantalon ! Je mets mon pull ! Je mets mes chaussettes ! Je mets mes chaussures ! Je mets mon manteau ! Je mets mon chapeau ! J'arrive ! » • À ces mots, l'enfant jouant le loup essaye d'attraper un camarade. Celui-ci devient loup à son tour !

Arbre des 4 saisons

Un calendrier de saisons à commencer en automne...

ÂGE : 3-4 ans

TEMPS : 10 min... et toute l'année !

NOMBRE : 3 ou 4 enfants

MATÉRIEL :
- papier à dessin blanc ou beige
- papiers de soie de différentes couleurs
- colle, ciseaux
- gouache

Préparation : Dessinez 4 fois le même arbre • Peignez-le ou faites-le peindre en marron.

Déroulement : Les enfants choisissent les papiers de soie en regardant les couleurs d'automne : orange, vert, rouge • Puis ils déchirent des morceaux de papier, les chiffonnent et les collent sur les branches.
En hiver, on collera du papier blanc, au printemps, du papier vert clair, et des points roses, en été, du papier vert vif et foncé.

Remarque : Déchirer et chiffonner favorisent l'habileté manuelle et sont des gestes faciles pour les petits.

Feuille ramassée, feuille séchée !

Première mémoire du temps

ÂGE : tous

TEMPS : 15 min

NOMBRE : groupe ou individuel

MATÉRIEL : papier journal

Les feuilles tombent, on les ramasse, on admire les couleurs, on garde les plus belles, on les fait sécher entre 2 feuilles de papier journal placées sous des livres.

Feuilles au vent

Apprendre à maîtriser son souffle

ÂGE : 3-4 ans

TEMPS : 10 min

NOMBRE : 1, 2 ou 3 enfants

MATÉRIEL :
- papier léger : brun, rouge, orange, vert
- 1 paille par enfant
- 1 feuille (A4) blanche par enfant
- 4 cailloux par feuille

Préparation : Découpez des formes de petites feuilles d'arbre (3 cm maximum) dans les papiers de couleur • Dessinez un cercle sur le papier blanc • Les angles sont maintenus par les cailloux.

Déroulement : Chaque enfant, seul ou en groupe de 2 ou 3, a une feuille blanche devant lui, une paille et un nombre égal de feuilles • Avec la paille, il aspire les feuilles l'une après l'autre et les porte jusqu'au cercle pour en faire un tas.

Remarque : À plusieurs, c'est plus stimulant ! Le premier qui n'a plus de feuilles a gagné !

Comptine

Le vent souffle, je m'emmitoufle
Les feuilles s'envolent en course folle
Les bogues se fendent et se répandent
Pour qui ce marron tout beau ?
Pour la poche de mon manteau !

Frise de feuilles

Un herbier graphique

ÂGE : tous

TEMPS : 10 min

NOMBRE : individuel

MATÉRIEL :
- papier blanc A4
- feutres de couleurs
- des belles feuilles !

Déroulement : Les enfants dessinent le contour de la feuille (maintenez la feuille avec de la pâte à fixer), dans le dessin ainsi obtenu, ils reproduisent les nervures • Ils remplissent les zones de couleurs ou de graphisme • On aligne enfin les feuilles pour faire une frise.

La boîte à trésors !

Pour garder toutes les petites récoltes

ÂGE : 4-5 ans

TEMPS : 10 min

NOMBRE : petit groupe

MATÉRIEL :
- 1 boîte à chaussures (type b)
- des belles feuilles séchées d'un jour
- colle, ciseaux
- feuille adhésive transparente

Déroulement : Aidez un groupe d'enfants à découper des triangles (assez grands) dans des feuilles • Collez ces triangles sur le couvercle et autour de la boîte en les faisant se chevaucher pour ne pas voir le carton • Consolidez en recouvrant d'une feuille adhésive transparente.

Remarque : Cette boîte peut-être utilisée pour les objets perdus (moufles, écharpe, petites voitures…).

HALLOWEEN

Les bruits qui font peur… pour rire !

Un bon défoulement !

ÂGE : 4-5 ans

TEMPS : 5 min

NOMBRE : groupe

Comptine

Dans un château hanté qu'est-ce qui fait ?
Hou ! Hou ! — Le fantôme !
Cling ! Cling ! — Les chaî nes !
Hin ! Hin ! — La sorcière !
Crac ! Crac ! — L'escalier !
Crrchhh ! Crrchhh ! — Le chat !

Déroulement : Posez la question aux enfants, aidez-les à répondre • Faites-leur répéter le bruit.

Conseil : Inventez d'autres bruits et vous aurez une nouvelle comptine !

Les bruits qui font peur… pour de vrai !

Une manière ludique d'exprimer ses petites angoisses

ÂGE : 4 ans

TEMPS : 10 min

NOMBRE : groupe

Déroulement : Les enfants sont en rond • Introduisez le jeu en faisant parler la marionnette (cf. : Marguerite, p.17) :
« Moi, j'ai peur du bruit des trains, et vous ? »
Un enfant répond : « Moi, c'est le tonnerre ! »
« Et toi ? » demande Marguerite.
« Moi, les sirènes de pompiers ! »

Prolongement : Pour dédramatiser, les enfants imitent, par la voix ou le geste, ces bruits.

Remarque : Un joli tintamarre en perspective, mais aussi un moyen d'exprimer des choses importantes.

Sorcières, fantômes, monstres !

Apprendre à respecter les rôles

ÂGE : 4 ans

TEMPS : 10 min

NOMBRE : groupe

MATÉRIEL :
- des foulards blancs pour les fantômes
- des foulards noirs pour les sorcières
- des foulards verts pour les monstres
- 3 boîtes

But : Attraper un foulard selon son rôle : les sorcières s'emparent des foulards des fantômes, les fantômes prennent les foulards des monstres et les monstres arrachent ceux des sorcières.

Règle : On ne peut attraper qu'un foulard à la fois.

Déroulement : Répartissez les enfants en 3 groupes : sorcières, monstres et fantômes, chacun avec son foulard accroché derrière lui • Celui qui attrape un foulard, le pose dans la boîte de son camp.

Remarque : Lancez le jeu et arrêtez la partie toutes les 3 min pour faire le point et... laisser souffler les enfants.
Pour les plus grands, introduisez un nouveau rôle : le gardien (un par équipe) qui surveille la boîte des foulards. Et ajoutez une nouvelle règle : on peut récupérer son foulard dans la boîte mais on ne doit pas se faire toucher par le gardien.

Masque-monstre !

Jouer un rôle

ÂGE : 4 ans et plus

TEMPS : 10 min

NOMBRE : groupe

MATÉRIEL :
- assiette en carton
- peinture
- fil élastique

Préparation : Peignez le masque et faite sécher • Évidez les trous des yeux • Faites 2 trous sur les côtés et passez le fil élastique • Attention ! Monstre en vue !

…ionnettes sur tiges

…marionnettes les plus faciles à réaliser

NOMB… …oupe

MATÉRIEL :
- bristols A3 ou A4 photocopiés
- feutres ou crayons de couleur
- ciseaux, colle
- 1 pique à brochette par marionnette (cassez les bouts piquants)

Préparation : Photocopiez les modèles des marionnettes choisies (voir p. 215) : sorcière, loup, fantôme, princesse…

Déroulement : Les enfants colorient une ou plusieurs marionnettes • Les plus grands les découpent, les petits se font aider • Sur l'envers, collez la baguette (colle et scotch).

Utilisation : Les enfants font parler ces petits personnages.

Remarque : Installez un castelet rapidement monté : un tissu punaisé dans l'entrée d'une porte, sous une table… Après avoir joué le rôle du conteur, laissez les enfants inventer leur propre histoire grâce aux marionnettes.

La soupe au potiron : la vraie !

Une recette de saison

ÂGE : 4 ans et plus

TEMPS : 20 min

NOMBRE : groupe

INGRÉDIENTS :
- 1 kg de potiron épluché
- 1 l d'eau + 1 cube de bouillon
- 50 cl de crème fraîche
- sel, poivre

Préparation : Coupez le potiron en morceaux • Faites cuire dans l'eau avec le bouillon, le sel, le poivre pendant 40 min • Ajoutez la crème fraîche • Passez au mixer, servez, dégustez !
Les enfants participent activement à la préparation et goûtent avec plaisir et fierté leur soupe !

Conseil : Prenez des photos des différents moments de préparation. Vous pourrez ensuite demander aux enfants de placer les étapes de la recette dans l'ordre chronologique et de les coller dans le carnet de recettes de la classe.

Biscuits de sorcière

Super fastoche !

ÂGE : 4 ans et plus

TEMPS : 20 min

NOMBRE : petit groupe

INGRÉDIENTS :
- biscuits
- colorant alimentaire
- sucre glace
- bonbons

Étalez un glaçage (sucre glace + 1 goutte de colorant alimentaire + quelques gouttes d'eau) rouge ou vert sur des biscuits. Bonbons, fils sucrés ou réglisse feront yeux, nez et bouche !

ALLER CHERCHER JULIE
TRIER LES VIEILLES CHAUSSETTES
1 2
3 4 5 6 7 8 9
10 11 12 13 14 15 16
17 18 19 20 21 22 23
24 25 26 27 28 29 30
PHOTO DE CLASSE

NOVEMBRE

LE CORPS

Comptine à mimer

Petit homme
A un gros nez
Deux yeux qui rient
Une bouche ravie

montrer avec
son doigt

Ses doigts, des vers de terre
Et ses deux pieds ?

lever les mains,
bouger les doigts

Des pommes de terre !
Petit homme est extraordinaire !

frapper des pieds

Sa tête est un ballon
Son corps un potiron
Ses bras, ses jambes
Sont des bâtons

bouger bras et jambes raides

Le réveil du pantin

Bouger pour mieux connaître son corps !

ÂGE : tous

TEMPS : 10 minutes

NOMBRE : groupe

MATÉRIEL : un tapis de mousse par enfant

Avec ces petits jeux de gymnastique et de relaxation, le jeune enfant prend conscience des différentes parties de son corps. Ceci favorise la construction de son schéma corporel.

Les exercices peuvent se faire en de multiples occasions : au début ou à la fin d'une séance agitée ou pour relâcher des tensions. L'enfant se masse, se détend, il est à l'écoute.

Vous pouvez soit réaliser toute la séance soit choisir quelques mouvements suivant les situations.

LE PIANO RÉVEILLE LE PANTIN

MAINS : L'enfant est allongé sur le dos. Ses doigts pianotent, puis ses poignets font des petits cercles.

LE MOULIN :

ÉPAULES : Assis, les mains posées sur ses épaules, l'enfant effectue des ronds en avant et en arrière.

L'OISEAU :

COUDES : Assis, les avant-bras se relèvent d'un seul coup sur une expiration. On souffle !
TÊTE : Les mains relevées font bouger doucement la tête à droite, à gauche, en avant et en arrière.

TOURNICOTI TOURNICOTA :

CHEVILLES : Allongé sur les avant-bras, flexion extension des pieds, on fait des petits ronds avec les chevilles.

1 ET 2 !

CHEVILLES : L'enfant est assis. Avec les mains, il se masse les orteils, fait tourner la cheville du pied droit puis il fait la même chose avec le pied gauche.

LE PANTIN JETTE SA COUVERTURE !

GENOU : Sur une expiration, il jette la jambe en l'air, jambe droite puis jambe gauche (3 fois).

LE PAPILLON :

HANCHES : Assis, il joint les 2 pieds plante contre plante, les tient dans ses mains et bouge les genoux de haut en bas : les papillons battent des ailes !

LE CHAT :

DOS : À 4 pattes, l'enfant alterne dos rond et dos creux, puis il s'étire (assis sur ses pieds, il essaye de mettre ses mains le plus loin possible).

L'ASCENSEUR :

CHEVILLES : L'enfant est accroupi puis debout : l'ascenseur monte et descend !

LE TRAIN :

HANCHES : Debout, les bras libres au-dessus de la taille, il tourne de plus en plus vite à droite et à gauche. Le mouvement part des hanches et entraîne les bras.

LE SOLEIL :

TAILLE : Debout, penché vers l'avant, il se relève, les bras tendus devant lui. Puis sur un côté, les bras au-dessus de la tête et enfin de l'autre côté il se baisse et recommence.

ÉTIREMENT FINAL :

Debout, les bras tendus vers le ciel, mains croisées, index tendu, il inspire, bloque sa respiration et descend sur le côté droit en expirant. Même chose de l'autre côté. Puis il inspire et descend ses bras le long du corps tout doucement.

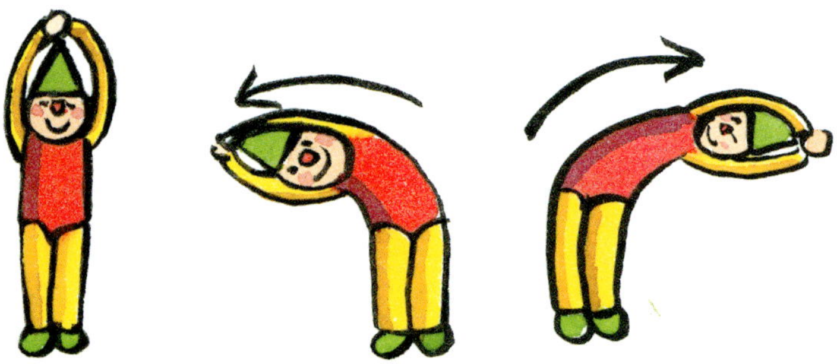

Petite chanson pour se réveiller

Conseil : Allez de plus en plus vite !

Tête épaule et genoux pieds, genoux pieds (bis)
J'ai deux oreilles et deux yeux un nez et puis une bouche
Tête épaule et genoux pieds, genoux pieds (bis)

Kim-Sons

Pour écouter plus qu'entendre

ÂGE : tous

TEMPS : 5 min

NOMBRE : groupe

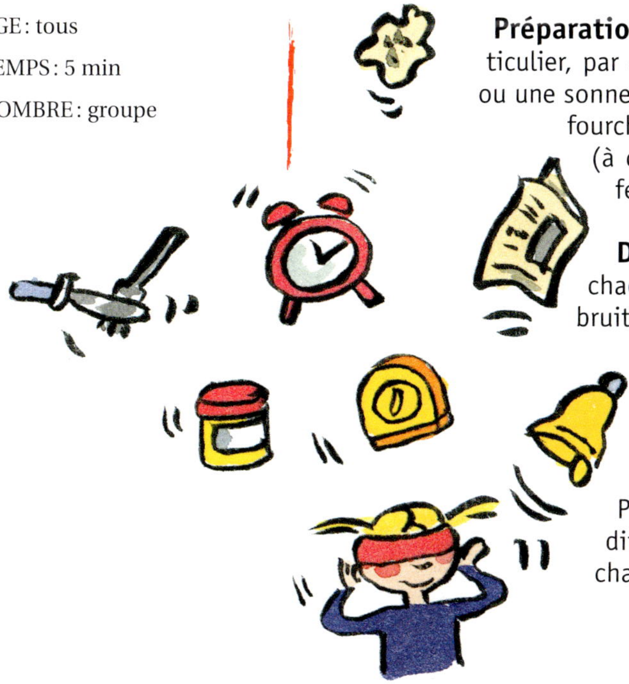

Préparation : Réunissez différents objets dont le son est particulier, par exemple : une clochette, un réveil (avec un tic-tac ou une sonnerie), un compte-minutes, une boîte à boutons, une fourchette et un couteau, une feuille de papier journal (à chiffonner), un petit pot et son couvercle (ouvert fermé) et un foulard.

Déroulement : Faites du bruit • Les yeux bandés, chaque enfant à tour de rôle essaye de reconnaître le bruit qu'il entend.

Remarque : Pour les petits, 3 objets suffisent : faites-les entendre avant de commencer le jeu.
À partir de 4 ans : 5 sons différents peuvent être proposés.
Pour les plus grands : vous pouvez reproduire 7 sons différents et même accentuer la difficulté en approchant ou éloignant la source du son.

Caramel triste ? Caramel gai ?

Un mot et plein de sentiments !

ÂGE : 4 ans et plus

TEMPS : 10 minutes

NOMBRE : groupe

Jouer avec sa voix pour mieux exprimer ses sentiments et utiliser ses découvertes dans le jeu de théâtre ou de guignol.

Déroulement : Proposez aux enfants un mot amusant par exemple « caramel » • Demandez à un enfant de dire ce mot comme s'il était en colère, puis le groupe essaye à son tour • Essayez d'autres expressions : tristesse, joie, sommeil, peur…

Conseils : Observez ensemble ce qui bouge sur le visage et se transforme (sourcils qui se froncent, bouche qui s'agrandit, yeux qui se plissent…). Les enfants seront ravis de s'entraîner ensuite devant un miroir !
Pour les petits, utilisez des petites marionnettes et demandez-leur de dire ce mot avec la voix de papa ours, de maman ours, de bébé ours.

Les robots et la fusée

Apprendre à coopérer

ÂGE : 4 ans et plus

TEMPS : 10 minutes

NOMBRE : groupe

MATÉRIEL :
- bancs, chaises ou tabourets, draps ou tapis…
- 1 ou 2 foulards

LIEU : salle de sport

But : Un enfant guide un autre enfant (le robot) qui a les yeux bandés pour effectuer un parcours semé d'embûches.

Préparation : Prévoyez un parcours avec un banc à escalader, une chaise à contourner, un drap à enjamber…

Le jeu : La moitié des enfants sont les robots. Les yeux bandés, ils ne voient pas. L'autre moitié sont les savants • Les robots ne peuvent pas retourner à leur fusée car ils n'ont plus d'électricité ! • Heureusement chacun va être guidé par un savant jusqu'à sa fusée. Le savant peut tenir la main du robot et lui dire ce qu'il doit faire :

> *EXEMPLE : « Marche tout droit. Stop ! Grimpe sur le banc (la montagne). Descends. Avance, stop ! Fais un grand pas (la rivière), avance, tourne un peu autour du rocher. Stop ! Marche à 4 pattes sur le tapis (le chemin). Bravo tu es arrivé à la fusée ! »*

Remarques : Avant de commencer, décrivez le parcours, en guidant un enfant. Changez les rôles une fois que tous les enfants robots sont passés. Si le nombre d'enfants est important, prévoyez 2 parcours identiques.

Enjamber, grimper, marcher à 4 pattes sont des actions élémentaires qui permettent à l'enfant d'appréhender l'espace.

Ce jeu demande aussi aux enfants de coopérer, d'être à l'écoute de l'autre, de faire confiance et d'utiliser d'autres sens que la vue (le toucher et l'ouïe). C'est idéal pour apprendre à mieux se connaître !

La chaîne magique

ÂGE : 3-4 ans

TEMPS : 10 minutes

NOMBRE : 1-2

MATÉRIEL :
- ficelle fine (50 cm environ)
- perles de bois
- 1 gros bouton

Fabrication : L'enfant enfile des perles en bois • Demandez-lui une alternance de couleurs (blanche, verte, rouge, blanche…) • Nouez les 2 extrémités, pas trop serrées, de façon à laisser de la souplesse à la chaîne • Prenez un bouton pour l'œil.

Le jeu : Demandez à l'enfant de bouger cette chaîne et le bouton et d'imaginer une tête. Avec un nez qui sort, une bouche qui rentre ! • Puis transformez à nouveau cette tête.

Mime des sports !

ÂGE : à partir de 4 ans

TEMPS : 10 minutes

NOMBRE : 5 par groupe

MATÉRIEL :
des cartons avec le nom de différents sports

Préparation : Faites choisir une carte • Lisez tout haut le nom du sport • Les enfants miment le sport pour s'entraîner.

Déroulement : Une fois rôdé, chaque enfant à tour de rôle choisit une carte et essaye avec votre aide de faire deviner aux autres le sport indiqué.

EXEMPLES :
le nageur, le skieur, la danseuse, le judoka, le boxeur, l'haltérophile, le footballeur, le joueur de handball, le patineur, le cycliste, le joueur de tennis…

Pour les petits, la phase d'entraînement est importante.

Drôle de tête

Jeu d'identité

ÂGE : 3-4 ans

TEMPS : 20 min

NOMBRE : 5-6

MATÉRIEL : des photos de portraits d'enfants

Préparation : Photocopiez les portraits et agrandissez-les • Coupez-les en 4 pour les petits et en 8 pour les plus grands.

Déroulement : L'enfant doit essayer de reconstituer son portrait ou peut s'amuser à créer de nouvelles têtes avec les morceaux de différentes photos.

Conseil : Pour les enseignants, notez le jour où le photographe passe dans l'école, et à la réception des portraits des enfants, faites une photocopie sans oubliez l'accord des parents. Vous aurez déjà les portraits agrandis !

Pâte à bonshommes

Une foule silencieuse

ÂGE : tous

TEMPS : 10 min

NOMBRE : groupe

MATÉRIEL :
- 1 planche ou 1 toile cirée
- 1 rouleau à pâtisserie
- papier sulfurisé
- 1 saladier
- 1 cuillère en bois
- des couteaux à bout rond
- des cure-dents

INGRÉDIENTS :
- 500 g de farine
- 200 g de sucre
- 3 œufs + 2 jaunes d'œuf
- 150 g de beurre mou
- sel
- raisins secs

Préparation : Dans le saladier, mélangez farine, sucre, sel, 3 œufs • Ajoutez le beurre en petits morceaux • Quand la pâte est lisse, étalez-la grossièrement • Pour chaque enfant, découpez un morceau de pâte sur un rectangle de papier sulfurisé.

Réalisation : Chaque enfant découpe la pâte, rajoute des boudins • Il décore avec des traits de lame de couteau, enfonce les raisins secs, fait des trous avec un cure-dent • Il badigeonne (doigts ou pinceau) les bonshommes de jaunes d'œufs.

Cuisson : Posez les bonshommes sur du papier sulfurisé sur la plaque du four • Faites cuire 20 min (th. 6).

Conseils : Écrivez les prénoms sur les papiers avant la cuisson. Pour les plus « pressés », utilisez de la pâte surgelée !
Entraînez les petits à faire des bonshommes en pâte à modeler avant la recette : ce sera encore plus réussi !

Savez-vous planter des choux ?

Une bonne perception de son corps

ÂGE : 3-4 ans

TEMPS : 10 min

NOMBRE : groupe

Ronde à mimer

REFRAIN :
Savez-vous planter les choux à la mode à la mode,
Savez-vous planter les choux à la mode de chez nous !

On les plante avec les doigts à la mode à la mode,
On les plante avec les doigts à la mode de chez nous.
On les plante avec les coudes
À la mode...
On les plante avec le pied
À la mode...
On les plante avec les genoux
À la mode...
On les plante avec le nez
À la mode...

Déroulement : Les enfants sont en cercle. Sur le refrain, ils font la ronde et miment sur place la partie du corps nommée.

Main en carton

Mettre sa marque !

ÂGE : 3 ans

TEMPS : 10 minutes

NOMBRE : individuel

MATÉRIEL :
- plusieurs carrés de bristol (15 x 15 cm)
- 1 carré d'adhésif plastifié transparent (même format)
- 1 carré de carton (facultatif) (même format)
- gouache
- raphia

Déroulement : Enduisez une petite main de peinture d'une ou plusieurs couleurs • Appliquez la main sur plusieurs carrés de bristol • Choisissez la plus réussie : écrivez en dessous le nom et l'âge de l'enfant • Appliquez l'adhésif • Collez le carton au dos • Découpez-le en rond (2 ou 3 épaisseurs) • Faites un trou dans le haut et passez-y un nœud de raphia pour suspendre.

Conseil : Cette activité ravira les plus jeunes !

Marguerite a dit

Répondre à une injonction

ÂGE : 4 ans et plus

TEMPS : 10 min

NOMBRE : groupe

But : Faire une action quand on entend « Marguerite a dit », ne rien faire si on n'entend pas cette phrase.

Déroulement : Faites intervenir Marguerite • « Marguerite a dit : 'mettez-vous à 4 pattes comme une petite vache !' », les enfants obéissent • « Marguerite a dit : 'mangez de l'herbe !' », les enfants broutent de l'herbe • « Arrêtez-vous pour regarder passer le train ! », Marguerite pouffe de rire : « Bravo à ceux qui broutent encore ! » • « Marguerite a dit : 'arrêtez-vous et regardez passer le train !' », les enfants obéissent cette fois.

Remarques : Un enfant devient meneur de jeu une fois la règle comprise • Avec les plus grands, on peut éliminer ceux qui se trompent • Essayez de trouver des situations cocasses en lien avec la marionnette.

LES VÊTEMENTS

Comptine pour rire

Une chouette en chaussettes
Une cocotte en culotte
Un cochon en caleçon

Un canard sous un foulard
Un chameau dans un manteau
Quoi! le rat, en pyjama!
Et la souris ? Dans son lit!

Conseils : Chaque accessoire ou vêtement rime avec le nom de l'animal • Pour en trouver d'autres, essayez un « questions-réponses » mettant en jeu le langage et le vocabulaire : « Pour qui sont ces chaussettes ? » « Pour la chouette ! ».

Kim-vêtements

ÂGE : tous

TEMPS : 10 min

NOMBRE : groupe

MATÉRIEL :
des vêtements de toutes sortes

Préparation : Dans un carton, réunissez des vêtements aux formes différentes : un tee-shirt à manches courtes • un débardeur • un caleçon • un jean • une jupe • un pull-over • une chemise avec un col.

Déroulement : Montrez les vêtements, demandez aux enfants de les nommer • Yeux bandés, chaque enfant à tour de rôle (ou deux à la fois) prend un vêtement et, au toucher, essaye de le reconnaître.

Conseils : Pour les petits, prenez quatre vêtements • Augmentez le nombre avec l'âge.

Les boutons : 3 jeux

Trier, classer, ranger, mélanger, organiser !

ÂGE : 3-4 ans

TEMPS : 10 min

NOMBRE : groupe

MATÉRIEL :
- demandez aux enfants, parents et grands-parents d'apporter des boutons. (des tonnes de boutons !)
- 4 cartons à chaussures

Des idées pour aborder les premières notions mathématiques

LE GRAND SERPENT

Préparation : un carton avec des boutons de toutes sortes.

Déroulement : Seul, l'enfant aligne une certaine quantité de boutons du plus gros au plus petit. Parfois il y en a de même grosseur, plus épais, moins lourds : il faut choisir • Pour plusieurs joueurs, comptez un même nombre de boutons. Mettez-les dans une boîte ou en tas, le jeu est le même. Qui sera le plus rapide ?

LES TROUS-TROUS

Préparation : Mélangez les boutons.

Déroulement : Rangez les boutons à 4 trous d'un côté, ceux à 2 trous de l'autre et au milieu les sans-trous !

LES COULEURS

Préparation : Peignez ou collez du papier de couleur sur 4 cartons : noir, bleu, rouge, blanc.

Déroulement : Rangez les boutons selon le classement suivant : dans la boîte noire (boutons noirs, gris, marron), dans la boîte bleue (boutons bleus, verts, violets), dans la boîte rouge (boutons rouges, roses, orange, jaunes), dans la boîte blanche (boutons blancs, transparents).

Remarque : Ce rangement doit être un jeu ! Indirectement, les enfants apprennent à classer les couleurs froides et les couleurs chaudes.

Le pantin bouton

Construire son schéma corporel par le jeu

ÂGE : 3-4 ans

TEMPS : 10 min

NOMBRE : individuel

MATÉRIEL :
- carton
- fil de fer fort
- boutons et perles
- feutres

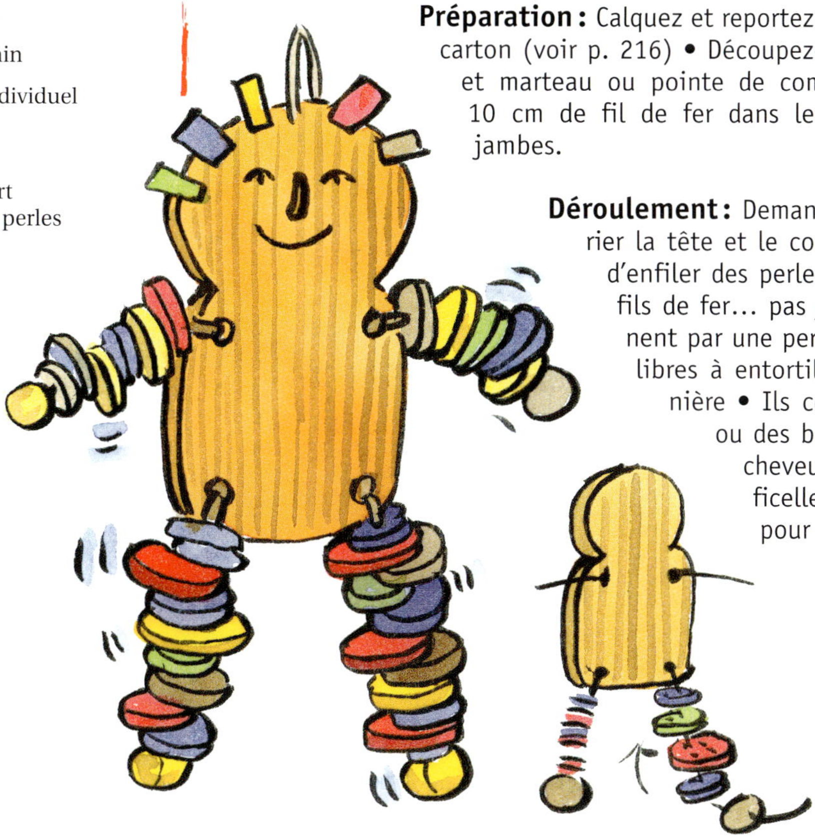

Préparation : Calquez et reportez la forme du pantin sur le carton (voir p. 216) • Découpez-la • Faites 5 trous (clou et marteau ou pointe de compas) • Enfilez et nouez 10 cm de fil de fer dans les trous des bras et des jambes.

Déroulement : Demandez aux enfants de colorier la tête et le corps de leur pantin • Puis d'enfiler des perles ou des boutons sur les fils de fer... pas jusqu'au bout : ils terminent par une perle et laissent 2 cm de fil libres à entortiller autour de cette dernière • Ils collent des brins de laine ou des bandes de papier pour les cheveux • Passez une petite ficelle dans le trou du haut pour suspendre le pantin.

La balle chaussette

ÂGE : 3-4 ans

TEMPS : 5 min

NOMBRE : individuel

MATÉRIEL :
- 1 chaussette
- 3 élastiques
- 1 boule de coton

Fabrication : Placez la boule de coton au bout de la chaussette • Faites pivoter et retournez la chaussette sur l'envers • Faites pivoter et retournez la chaussette sur l'endroit • Ainsi de suite, jusqu'au bord de la chaussette • Si ce n'est pas assez serré, ajoutez un ou deux élastiques.

Conseil : Excellente balle pour jouer au chamboule-tout ! (voir p.64).

Chamboule-tout

Une réalisation facile pour tous

ÂGE : tous

TEMPS : 10 min

NOMBRE : individuel

MATÉRIEL :
- bouteille plastique vide (eau ou lait)
- 1 chaussette (37 minimum) pour une petite chaussette une petite bouteille !
- restes de laines, tissus, boutons, feutrines…
- papier journal

Fabrication : Glissez une boule de papier dans la chaussette • Enfilez la chaussette sur la bouteille • Nouez une écharpe pour marquer le cou • Yeux, nez, bouche, cheveux sont des éléments cousus, collés ou dessinés au feutre.

Jeu : Disposez les bouteilles habillées • Prenez les balles-chaussettes et en avant chamboulez tout !

Jean-Petit qui danse

Ronde à mimer

(A) Jean-Petit qui danse, Jean-Petit qui danse
(B) Avec son doigt il danse, avec son doigt il danse
Avec son doigt doigt doigt
(C) Ainsi danse Jean-Petit !
Avec sa main…
Avec son bras…
Avec le pied…
Avec la jambe…
Avec la tête…
De tout son corps il danse…

Déroulement :
(A) En ronde, les enfants marchent en marquant le rythme.
(B) La ronde s'arrête et les enfants dansent avec la partie du corps nommée.
(C) Reprise de la ronde et récapitulation.

M. et Mme Chaussette

Jeu de paires

ÂGE : tous

TEMPS : 10 min

NOMBRE : individuel

MATÉRIEL :
5 paires de chaussettes + une dépareillée

Préparation : Mélangez tout.

Déroulement : Rangez les chaussettes par paires !

Variantes : Même jeu avec des gants, des moufles, des chaussures !

Relais-habits

ÂGE : tous

TEMPS : 10 min

NOMBRE : groupe

MATÉRIEL :
- 3 cartons contenant chacun :
- 1 Tee-shirt
- 1 manteau
- des gants ou des moufles
- 1 chapeau ou bonnet
- 1 écharpe

LIEU : salle de sport

Préparation : Répartissez les enfants en 3 équipes de 5 joueurs… • Installez les boîtes en face des enfants à l'autre bout de la salle • Les enfants sont en file indienne.

Déroulement : Il s'agit de courir jusqu'au carton, s'habiller avec un des vêtements et revenir au départ pour frapper dans la main de son camarade qui part à son tour pour choisir un autre vêtement… jusqu'au dernier • L'équipe gagnante est celle qui s'est habillée le plus vite et le plus correctement possible !

Variante : Un enfant de chaque équipe doit mettre tous les vêtements proposés en un temps record !

Conseils : S'habiller n'est pas toujours une partie de plaisir pour l'enfant… alors, cette fois, c'est un vrai défi !

Tableau des matières

Affiner le toucher

ÂGE : tous

TEMPS : 10 min

NOMBRE : groupe et individuel

MATÉRIEL : différents textiles et autres matériaux plats

Préparation : Récupérez et découpez des carrés de 20 cm de côté dans différents textiles :

- laine (vieux pull)
- cotonnade
- toile cirée
- velours côtelé
- velours lisse
- tissu éponge
- tee-shirt
- fausse fourrure
- polaire

et aussi

- papier bulle
- plastique (sac)
- papier de verre
- gratton à vaisselle
- moquette
- carton
- aluminium

Déroulement : Pour les petits, choisissez 3 ou 4 tissus très faciles à identifier au toucher • Montrez-leur, faites les toucher • Les yeux bandés, ils essayent de reconnaître et de citer le nom • Pour les plus grands, proposez 6 matières.

Conseil : Rangez ces carrés, augmentez la quantité au fur et à mesure de l'année. Il est possible aussi de les percer de 2 trous et de les placer dans un classeur : à feuilleter du bout des doigts !

Variante : Prévoyez un grand panneau de carton (emballage) et collez-y les carrés avec de l'adhésif double face • Fixez ce panneau à hauteur des enfants.

Tissage de papier

Motricité fine

ÂGE : 3-4 ans

TEMPS : 10 min

NOMBRE : individuel

MATÉRIEL :
- 1 carré de carton
- des bandes de papier à dessin de 2 couleurs
- 1 tissu à grosse trame (toile de jute)
- 1 loupe

Utiliser une loupe permet de voir autrement une maille de pull, son ongle, le nez de son doudou… et de développer la curiosité.

Préparation : Agrafez et collez 11 bandes sur le bord du carton. Découpez 11 bandes d'une autre couleur.

Déroulement : À tour de rôle, chaque enfant regarde à la loupe le croisement des fils de tissus (trame et chaîne) • Montrez les bandes de papier • Faites une démonstration avec une bande : dessus, dessous, dessus… jusqu'au bout • Commencez le deuxième rang, et aidez-le ainsi jusqu'à la fin du tissage.

Conseil : Cette réalisation un peu délicate, demande l'aide de l'adulte • On peut essayer avec des bandes de tissu ou des brins de laine.

Laçage de chaussures

ÂGE : 3-4 ans

TEMPS : 10 min

NOMBRE : 3 ou 4 enfants

MATÉRIEL :
- carton 20 x 10 cm
- 1 grosse aiguille à tricoter
- 1 lacet

Préparation : Calquez la forme de la chaussure (voir patron p. 216) • Reportez-la sur du carton, découpez-la • Faites les trous avec une grosse aiguille à tricoter.

Déroulement : Montrez à l'enfant comment trouver le milieu du lacet, le placer dans les trous • Il va recommencer, trouver d'autres combinaisons • Les plus grands pourront s'entraîner à faire le nœud des chaussures en carton et puis des leurs !

1 2 3 4 5 6 7
8 9 10 11 12 13 14
15 16 17 18 19 20 21
22 23 24 25 26 27 28
29 30 31
ACHETER SAPIN
CHERCHER LIVRES DE NOËL

DÉCEMBRE

NOËL

Le calendrier de l'avent

Ponctuer l'attente

ÂGE : tous

TEMPS : 10 min

NOMBRE : groupe

MATÉRIEL :
- 1 grande feuille de papier à dessin bleu foncé (65 x 50)
- papier métallisé vert (même format)
- papier métallisé rouge (quelques feuilles)
- des gommettes dorées ou argentées
- des livres de Noël et les photocopies des couvertures
- ciseaux, colle

Ce calendrier d'origine scandinave est un très joli moyen de compter les jours avant Noël, c'est-à-dire, les 4 semaines précédant cette date. Chaque jour, on ouvre une petite fenêtre et l'on découvre une image : celle de la couverture d'un livre de Noël que l'on aura plaisir à écouter raconter…

Préparation : Cherchez une douzaine de livres de Noël avec une belle couverture • Faites des photocopies (noir et blanc ou couleur) format A6 (ou découpez-les dans un catalogue de livres jeunesse).

Fabrication : Dans le papier vert, tracez et découpez une silhouette de maison et collez-la sur le papier bleu • Dans le papier rouge, préparez des rectangles (format : double de l'image choisie) • Pliez en 2 ce rectangle, dépliez et collez l'image à l'intérieur • Repliez, voici une fenêtre fermée ! • Faites de même pour toutes les fenêtres des jours d'école • Comptez les jours sans école. Fabriquez un même nombre de fenêtres plus petites où vous écrirez le nom des jours à l'intérieur (mercredi, samedi, dimanche) • Disposez toutes ces fenêtres fermées sur la maison. Quand l'ensemble est satisfaisant, collez-les • Écrivez ou collez une étiquette de 1 à 25 sur les volets • Fermez les volets à l'aide d'une gommette.

Utilisation : Un enfant ouvre la fenêtre du jour. L'image d'un livre de Noël apparaît : il s'agit de le retrouver parmi tous les livres de Noël que vous aurez réunis. À vous de lire l'histoire.

Conseils : Vérifiez bien que les couvertures de livres correspondent aux jours d'école ! Pour la maison, prévoyez une image par jour. Grâce à ce calendrier, l'enfant saura combien de jours le séparent de Noël : il peut compter les fenêtres. Un bon moyen de matérialiser le temps qui passe !
Utilisez une comptine pour désigner l'enfant qui ouvrira la fenêtre du calendrier de l'avent, ceci évitera les petites disputes ! Notez ceux qui ont ouvert la fenêtre pour que chacun puisse en ouvrir une.

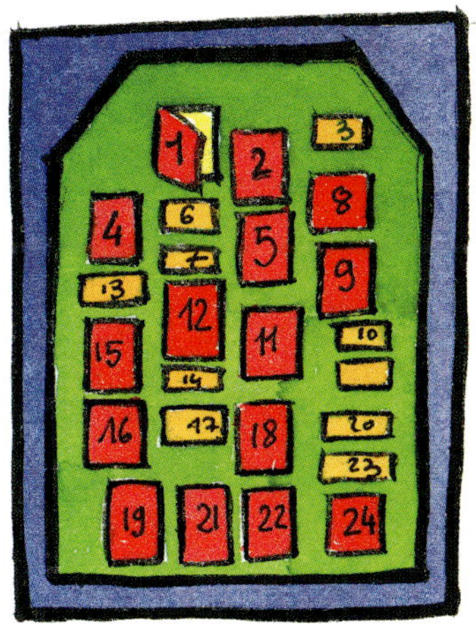

L'enfant de décembre

Au cœur de la fête

ÂGE : 4 ans et plus

TEMPS : 10 min

NOMBRE : un et groupe

MATÉRIEL :
- des cartes bristol de 8 x 6 cm (2 par enfant)
- des feutres, des crayons de couleur
- de la colle

L'enfant est au cœur de la fête de Noël : il va réaliser son portrait en pied bien présent tel un santon près de la crèche ou du sapin, à la maison ou en classe. Également sympathique, en ribambelle sur un rebord de fenêtre !

Préparation : Faites un trait à 2 cm du bas des cartes et un pli sur ce trait.

Déroulement :
L'enfant se dessine sur une carte, met son dessin en couleur et écrit son prénom dans le bas • Sur l'autre carte, il dessine un décor simple (points, traits...) • Il colle les 2 cartes dos à dos, sauf les 2 languettes du bas pliées qui font tenir l'image debout • Aidez-le à découper un contour souple et arrondi autour du dessin • Avec l'aide de l'adulte, l'enfant participe à la réalisation des personnages de la crèche : dessinez-les (voir les patrons p. 217) sur des cartes un peu plus grandes que les cartes-santons. L'enfant ornera ces personnages de couleurs et de collages de papier ou de tissu.

La hotte du Père Noël

Jeu à compter !

ÂGE : 3-4 ans

TEMPS : 10 min

NOMBRE : groupe

MATÉRIEL :
- catalogues de jouets
- ciseaux, colle
- papier à dessin

Préparation : Photocopiez un Père Noël par enfant (voir patron p. 217).

Déroulement : L'enfant colorie le Père Noël • Il découpe 3 jouets dans un catalogue et les colle dans la hotte.

Conseils : Pour les plus jeunes, l'activité se limitera au découpage, laissez-les coller le nombre de jouets qu'ils veulent. Pour les plus grands (5 ans) demandez-leur 10 jouets.

Les cartes-jouets

Jeu de classement !

ÂGE : 3-4 ans

TEMPS : 10 min

NOMBRE : groupe

MATÉRIEL :
- catalogues de jouets
- ciseaux, colle
- papier à dessin

Préparation : Découpez des cartes de 5 x 5 cm.

Déroulement : Demandez aux enfants de découper des jouets dans le catalogue et de les classer par catégories : peluches – poupées – voitures – vélos, patinettes – puzzles, jeux de société • Les enfants collent les jouets sur les cartes.

Le jeu : Il s'agit de faire des séries (classer les jouets de même catégorie)
Pour compliquer le jeu, on peut ajouter un intrus, montrer la série à l'enfant et demander où est l'intrus.

EXEMPLE : 4 poupées et 1 voiture.

Conseil : Rangez le jeu dans une jolie boîte accessible aux enfants.

Plantations de Noël

Planter, attendre, observer

ÂGE : tous

TEMPS : 10 min

NOMBRE : groupe

MATÉRIEL :
- 1 pot de confiture vide par enfant
- du coton
- du blé ou des lentilles
- 1 ruban rouge

Quel plaisir de voir germer une graine, sortir une pousse et grandir sa plante ! Le blé de Noël, tradition provençale, est encore une occasion de patienter jusqu'au jour tant attendu…

Déroulement : Le 5 décembre, on place dans le pot du coton, des lentilles arrosées de quelques gouttes d'eau et encore une petite épaisseur de coton • Chaque jour, l'enfant arrose son pot de quelques gouttes (si l'on s'absente, on met un peu plus d'eau !) • Des racines, des tiges apparaissent, et plus tard, des petites feuilles • Bientôt on ôte la couverture de coton • Pour Noël, nouez un joli ruban rouge et l'enfant sera ravi de l'offrir ou de décorer la maison !

Conseil : Il est intéressant pour les enfants d'observer les changements, de les décrire et de les dessiner. Notez les dates des dessins pour se rappeler de la progression de la plante. Voici une première observation scientifique !

Suggestion plus décorative : Prenez une boîte à œufs en plastique, ne gardez que la partie alvéolée. Faites-y pousser les lentilles (ou autres). Placez cette plantation dans le traîneau du renne (p. 77) après avoir coupé un rebord de la boîte en plastique.

L'arbre inspiré de Klimt

ÂGE : 4 ans et plus

TEMPS : 20 min

NOMBRE : groupe

MATÉRIEL :
- des reproductions du peintre G. Klimt (bibliothèque)
- papier blanc A 3
- peinture dorée et argentée
- pastels or et argenté
- papier or, argent, noir, blanc
- bolduc or et argent
- colle, ciseaux

Déroulement : Montrez des reproductions de Klimt aux enfants en leur faisant observer l'utilisation de la couleur dorée et argentée et les collages de petits morceaux de papier dans ses tableaux • Avec de la peinture dorée, faites peindre un arbre, le tronc puis les branches • Découpez des morceaux de papier blanc, noir, argenté et doré • Collez-les sur le tronc et les branches • On peut coller des petits morceaux sur les grands (montrez des exemples) et des petits morceaux de bolduc • Tout autour des branches, dessinez des spirales avec les pastels or et argent.

Conseil : Montrez ce qu'est une spirale, les enfants peuvent s'entraîner sur une feuille de dessin ou sur un tableau.
Suivant l'âge des participants, vous pouvez être moins directif et laisser l'enfant libre d'inventer son arbre, avec tous les éléments. On signe avec un joli feutre argent ou or !

Sapin transparent

Collection collective !

ÂGE : 3-4 ans

TEMPS : 15 min

NOMBRE : groupe

MATÉRIEL :
- 11 boîtes à œufs transparentes (en plastique)
- 1 morceau de carton blanc de 80 x 50 cm
- peinture dorée ou argentée
- plein de petits objets : pâtes, boules, mini pommes de pins, coquillages, plumes…
- bolduc or et argent
- colle, ciseaux

Faire des collections permet à l'enfant d'observer, de découvrir les propriétés des objets pour les classer ensuite.

Déroulement : Chaque enfant a une boîte et 6 petits objets à peindre en doré ou argenté • Il les colle sur les alvéoles.

Préparation : Disposez les boîtes sur le panneau en carton de façon à obtenir une silhouette de sapin comme présentée sur le dessin.
L'effet visuel vient des petits objets en relief collés sur le plastique transparent. Chaque enfant est fier de sa collection.

Suggestion : Soit l'enfant choisit 6 objets différents, soit chaque enfant peint une même sorte d'objets.

EXEMPLE :
les coquillages
ou les pâtes.

Le gâteau puzzle du Père Noël

Formes et schéma corporel

ÂGE : tous

TEMPS : 20 min

NOMBRE : groupe ou individuel

MATÉRIEL :
- 1 gâteau quatre-quarts rectangulaire acheté ou préparé (150 g de beurre, 150 g de sucre, 150 g de farine, 3 œufs, 1/2 paquet de levure, cuisson 1 h/th. 6)
- 1 papier bristol au même format que le gâteau
- sucre glace
- colorant rouge et vert
- raisins secs

Préparation : Dessinez ou reportez sur un papier les éléments puzzle du Père Noël : chapeau, tête, barbe, manteau, 2 bras, 2 bottes (voir patron p. 216) • Découpez-les • Avec les enfants, réalisez les glaçages. Pour le rouge : 3 cuillerées de sucre glace, du colorant rouge et quelques gouttes d'eau ; pour le vert : 3 cuillerées de sucre glace, du colorant vert et quelques gouttes d'eau ; pour le blanc : 3 cuillerées de sucre glace et quelques gouttes d'eau.

Déroulement : Posez les morceaux du puzzle sur le biscuit • Découpez les morceaux de gâteau soigneusement • Les enfants étalent le glaçage, rouge : chapeau, manches, manteau - blanc : barbe et fourrure - vert : bottes et moufles.

Conseils : Découpez l'excédent du quatre-quarts en plus petits morceaux recouverts de glaçage blanc : c'est la neige… et c'est délicieux !

Le renne et son traîneau

Un cadeau à fabriquer !

ÂGE : tous

TEMPS : 20 min

NOMBRE : individuel

MATÉRIEL :
- 2 boîtes à œufs en carton
- papier à dessin épais rouge, vert et beige
- peinture dorée, rouge et verte
- gommettes
- ficelle dorée ou raphia
- carton 30 x 15 cm
- ciseaux, colle, cutter
- ruban (30 cm)

Voici un objet simple à réaliser, même par les plus jeunes !

Préparation : Collez les bords d'une boîte : c'est le corps • Coupez une boîte en deux, gardez le couvercle : c'est le traîneau • Calquez les patrons : la tête du renne (voir p. 216) et le dossier du traîneau • Reportez la tête sur le papier beige et le dossier sur le papier rouge • Arrondissez les angles du socle.

Déroulement : Peignez le traîneau et collez le dossier • Décorez le traîneau : gommettes, papiers collés, peinture ou colle à paillettes • Peignez le socle en blanc • Dessinez les yeux du renne • Avec le cutter (cette étape vous est réservée !),

fendez le dessus et le devant de la boîte et ôtez les alvéoles du milieu • Introduisez le cou et la tête • La queue est en ficelle ou en raphia • Il reste à nouer un ruban sur le renne • Collez sur le socle.

Ce magnifique traîneau pourra être rempli de sablés, de bonbons ou de petits cadeaux et du lutin à croquer de la p. 77.

Le Père Noël et les lutins

Jeu de relais

ÂGE : 4 ans et plus

TEMPS : 20 min

NOMBRE : groupe

MATÉRIEL :
- 2 fois 10 jouets (2 voitures, 2 poupées, 2 ballons, 2 peluches, 2 cordes à sauter, 2 quilles, etc.)
- 2 cartons pouvant contenir ces jouets
- 1 grand carton : la hotte

Préparation : Divisez le groupe en deux équipes, chacune munie d'un carton de jouets • Les deux groupes sont alignés de part et d'autre de la hotte.

Le jeu : Aidez le Père Noël à remplir sa hotte • Chaque enfant à son tour prend un jouet de son groupe et le porte à la hotte • Il revient en courant, tape dans la main d'un camarade en disant « ticket », celui-ci prend un jouet, etc. • L'enfant qui a couru et est revenu dans son camp, s'assied • La première équipe qui a vidé son carton a gagné !

Conseil : Un jeu simple qui favorise la coopération entre les enfants.

Lutins à croquer !

Participer, mettre la main à la pâte

ÂGE : tous

TEMPS : 20 min

NOMBRE : groupe ou individuel

MATÉRIEL :
- couteaux à bout rond
- pâte brisée toute prête
- sucre glace + colorant alimentaire ou chocolat
- petits bonbons multicolores, fruits confits
- ficelle dorée
- bristol
- 1 paille

Préparation : Calquez le modèle d'une tête (voir p. 216), reportez-la sur le bristol et découpez-la : autant de modèles que d'enfants !

Déroulement : L'enfant pose la forme sur la pâte et la détoure avec le couteau • Il enfonce 3 raisins secs pour faire les yeux et la bouche • Il fait un trou dans le haut en ôtant un morceau avec une paille • Les têtes sont déposées sur une plaque de four recouverte de papier sulfurisé • Cuisson : 10 à 15 min à th. 6 • Pendant ce temps, préparez avec 4 enfants le glaçage : 3 cuillerées à soupe de sucre glace, 3 ou 4 gouttes de colorant, 1 peu d'eau (ou bien faites fondre une barre de chocolat dans une cuillerée d'eau) • Quand les têtes sont cuites, les enfants décorent les bonnets en étalant dessus soit du glaçage, soit du chocolat fondu. On ajoute des petits bonbons !

Pour offrir, ou suspendre au sapin, passez une ficelle dorée dans le trou du bonnet.

Farandole de lutins

Jeu de formes géométriques

ÂGE : 3-4 ans

TEMPS : 10 min

NOMBRE : groupe

MATÉRIEL :
- papier rouge et vert
- papier bristol
- ciseaux, colle
- papier blanc ou kraft

Préparation : Pour les petits, découpez dans les papiers rouges et verts, des ronds, triangles et rectangles, petits et grands.

Déroulement : Disposez les éléments pour représenter un lutin qui bouge • L'enfant place et déplace les formes • Quand chacun est satisfait, on colle les morceaux !

Conseil : Faites une farandole de ces joyeux lutins : l'effet est dynamique et l'enfant sera content de se retrouver • Les plus grands utiliseront un gabarit et découperont leurs formes.

Variante : En dehors du mois de décembre, les lutins seront de toutes les couleurs !

3 triangles = 1 sapin

Grand, moyen, petit !

ÂGE : 3-4 ans

TEMPS : 10 min

NOMBRE : groupe

MATÉRIEL :
- papier à dessin blanc et 3 couleurs
- ciseaux, colle

Préparation : Découpez dans les papiers de couleur 3 triangles : petit, moyen et grand • L'enfant dispose les 3 triangles sur la feuille • Quand il est satisfait, il colle.
Pas si facile que ça !

Étoiles biscornues

Papier cadeau et décor de fenêtres

ÂGE : 3-4 ans

TEMPS : 10 min

NOMBRE : groupe

MATÉRIEL :
- papier A4 blanc ou de couleur
- papier bristol
- pastels or et argent

Déroulement : L'enfant dessine et découpe l'étoile dans le bristol (voir p. 216, aidez les petits) • Il place l'étoile sous le papier A4 et frotte avec les pastels or ou argent, l'étoile apparaît • En déplaçant l'étoile, il recommence et les formes se chevauchent • Décorez ainsi toute la feuille. Voilà un beau papier cadeau personnel !

Des chaussettes en accordéon

Apprentissages des rythmes

ÂGE : 3-4 ans

TEMPS : 10 min

NOMBRE : individuel

MATÉRIEL :
- papier blanc
- fil de fer très fin
- pastels, feutres, crayons
- ciseaux

Préparation : Photocopiez des chaussettes (voir p. 217, au moins une par enfant) • Découpez-les en laissant un bon espace tout autour • Coupez le fil de fer en morceaux de 3 cm et tordez-les en S.

Déroulement : L'enfant colorie une chaussette suivant un certain rythme, la découpe et fait des plis le long des traits • Piquez un S en fil de fer dans le haut de la chaussette • L'enfant l'accroche dans le sapin.

Conseils : Si vous le dessinez vous-même, faites un gros trait extérieur (feutre) pour aider au découpage.

Cartes de vœux

ÂGE : tous

TEMPS : 20 min

NOMBRE : individuel ou groupe

MATÉRIEL :
- papier à dessin blanc et vert
- papier de couleur
- colle à paillettes
- feutres, pastels
- 1 enveloppe par enfant
- ciseaux, colle

Préparation : Coupez des rectangles de 20 x 15 cm • Pliez-les en 2 • Tracez la forme du toit, découpez-le en double.

Déroulement : Demandez à l'enfant à quoi lui fait penser la forme : à une maison ! • Il dessine et colorie la façade de la maison : le toit, la porte et les fenêtres • À l'intérieur, il ajoute un sapin de Noël et les personnages qu'il veut • Au dos, il dessine soit la maison, soit il ajoute un message écrit • Donnez-lui une enveloppe s'il désire l'envoyer à quelqu'un • Aux parents d'écrire l'adresse.

Conseils : Prévoyez le format d'une enveloppe courante.

Petit arbre de table

Un marque place décoratif

ÂGE : tous

TEMPS : 20 min

NOMBRE : individuel

MATÉRIEL :
- 1 pot de yaourt en terre
- de la terre qui durcit à l'air
- des branchettes blanches, or, ou argent
- des boules de cotillon blanches
- 1 petit morceau de bristol
- feutres or, argent ou blanc
- colle

Préparation : Découpez des branchettes de 20 cm environ.

Déroulement : L'enfant décore le pot avec un feutre puis remplit celui-ci de terre • Il y pique des branchettes auxquelles il aura collé des boules de cotillon • Il écrit le nom de l'invité sur un bristol qu'il place entre les branchettes • À la maison, aidez votre enfant à préparer autant d'arbres que de convives.

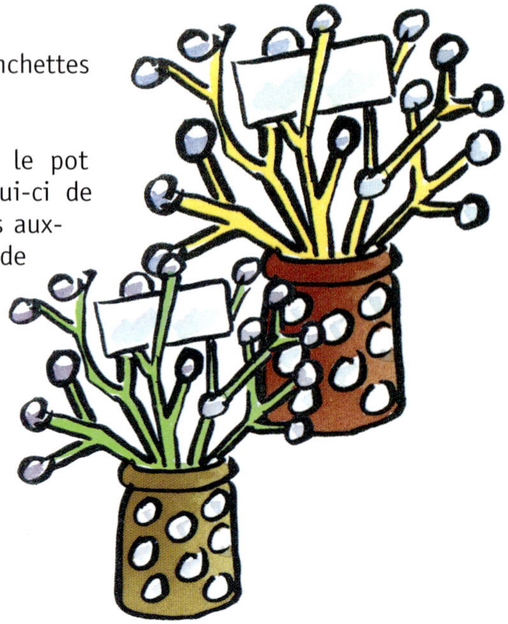

Poésie de Noël

ÂGE : tous

TEMPS : 20 min

NOMBRE : 5-6

MATÉRIEL :
- 1 grande feuille de papier
- 1 feutre

Quoi de plus charmant que de dire Noël en poésie ? Les enfants aiment jouer avec les mots. C'est pour eux l'occasion d'apprendre la langue en leur ouvrant des perspectives infinies d'associations de mots, d'idées et d'images. Encouragez-les dans leurs découvertes et proposez-leur des moments de lectures de poésies…

Déroulement : Les enfants sont assis en rond et vous avez affiché la feuille de papier. Vous leur proposez d'écrire une poésie de Noël • « Dites-moi tous les mots qui vous font penser à Noël. Je vais les écrire et ensuite nous essayerons ensemble de trouver d'autres jolis mots pour inventer une poésie. »

EXEMPLE : Père Noël, étoile, sapin, boule de Noël, guirlande, cadeaux, renne, traîneau, bottes…

Écrivez les mots les uns sous les autres de façon à noter ensuite un adjectif à côté.

EXEMPLE :
Père Noël : gentil, chéri, adoré…
Étoile : dorée, scintillante, magique, brillante…
Sapin : géant, vert, magnifique, décoré…

Choisissez avec les enfants les plus jolis vers et composez leur poésie de Noël ! • Écrivez sous la dictée des enfants, c'est un bon moyen pour leur faire découvrir la différence entre l'écrit et la parole : écrire demande plus de temps que de parler ! Vous demanderez souvent de répéter pour avoir le temps d'écrire ! • Ensuite faites mélanger les mots des colonnes pour créer des images insolites : « Le Père Noël géant arrive sur son sapin magique..., etc » • Par le jeu, l'enfant tout petit peut toucher à la féerie des mots.

Marguerite et les messages d'amitié !

Bien vivre ensemble et se le dire

ÂGE : tous

TEMPS : 20 min

NOMBRE : individuel

MATÉRIEL :
- papier de couleur A4
- pastels
- gommettes

Noël est l'occasion d'échanger des messages en signe de solidarité et d'amitié.

Préparation : Coupez des feuilles A4 en 4.

Déroulement : C'est Marguerite, la marionnette qui explique :
« Avant les vacances, nous allons nous offrir des petits messages d'amitié. Faites un beau dessin, écrivez quelque chose de gentil, pensez à mettre votre prénom. Au dos du dessin, vous indiquerez le nom de l'ami à qui vous voulez offrir ce cadeau. » • Enroulez ce message et fermez-le par 2 gommettes • Aidez les plus jeunes qui ne savent pas écrire en leur proposant des étiquettes prénoms • Chacun place son rouleau dans une corbeille • Vous les distribuez ensuite.

Suggestions : Ces petits rouleaux de papier multicolores peuvent être accrochés dans le sapin • Proposez aux enfants de venir en chercher un, quelques jours après leur réalisation • Veillez à ce qu'il y ait un message pour chacun • Les enfants sont libres d'offrir également un message à leur entourage (le gardien, le vieille dame, la voisine...).

Fête des Rois
avec les anciens
du village

Récolter
les pommes
de pin

			1	2	3	4
5	6	7	8	9	10	11
12	13	14	15	16	17	18
19	20	21	22	23	24	25
26	27	28	29	30	31	

Acheter
bonbons
pour recette

JANVIER

LA GALETTE

La galette des rois

Facile pour créer une bonne ambiance

ÂGE : 3-4 ans

TEMPS : 20 min

NOMBRE : groupe

MATÉRIEL :
- 1 saladier
- 1 plaque de four
- 1 cuillère en bois
- 1 pinceau (spécial cuisine !)
- 1 couteau
- et 1 fève !

INGRÉDIENTS :
- 2 ronds de pâte feuilletée
- 100 g de sucre
- 100 g de beurre
- 125 g de poudre d'amandes
- 1 œuf

Préparation : Mélangez le beurre fondu, le sucre, la poudre d'amandes et l'œuf • Disposez un des ronds de pâte sur une tôle beurrée • Étalez la crème d'amandes sur la pâte • Déposez la fève sur la crème et recouvrez avec le deuxième rond de pâte • Fermez bien les bords • Faites un dessin avec le couteau • Badigeonnez au pinceau avec le jaune d'œuf • Mettez au four chaud (210°) pendant 20 min.

Chanson

J'aime la galette
Savez-vous comment ?
Quand elle est bien faite,
Avec du beurre dedans !
Tralalalalalalalala
Tralalalalalalalala

La galette du lion

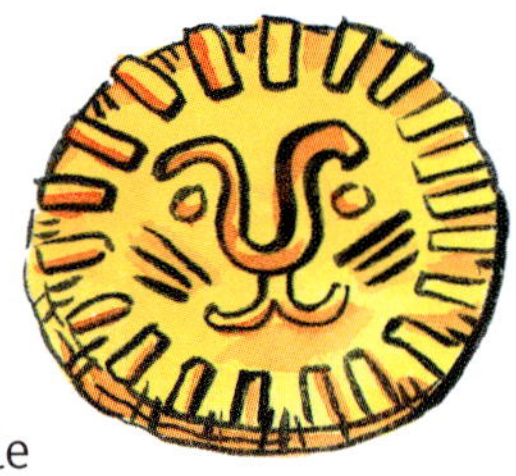

INGRÉDIENTS :
- les mêmes que pour la galette simple +
- 1 paquet de pâte feuilletée
- des spaghettis
- 1 jaune d'œuf

Préparation : La préparation est la même que pour la galette simple mais le décor est différent • Dans le troisième paquet, découpez des lanières • L'enfant dispose des petites bandes tout autour de la galette comme une crinière • Puis deux boulettes pour les yeux, et une lanière pour le reste de la tête • Passez du jaune d'œuf sur le décor et piquez les spaghettis pour les moustaches • Mettez au four (210°) pendant 20 min environ.

Couronne de choix

Pour le roi, la reine… et les autres !

ÂGE : 3-4 ans

TEMPS : 10 min

NOMBRE : groupe

MATÉRIEL :
- feuilles de papier à dessin de couleur (65 x 50 cm)
- papier d'aluminium
- agrafeuse
- ciseaux, colle

Préparation : Découpez des bandes de 56 x 10 cm • Dessinez et découpez des dents comme sur le dessin (qui est bien sûr modifiable) • Préparez des bandes de 3 cm dans d'autres couleurs, coupées en petits carrés • Déchirez des lanières de papier d'aluminium de 4 cm de large environ.

Présentation : Montrez comment enrouler et écraser légèrement le papier d'aluminium pour le coller ensuite sur la bande ou comment en faire une boulette, l'aplatir et la coller • Les carrés de papier sont collés soit entre les boules soit sur les dents et décorés d'une boule.

Déroulement : Les enfants collent les bandes de papier d'aluminium sur les dents puis choisissent leur décor • Quand ils ont fini, vous agrafez la couronne à la dimension de leur tête.

Comptine pour compter

1 2 3
C'est pour moi
4 5 6
Pour une bise
7 8 9
J'ai la fève
10 11 12
Le roi bouge !

La galette est mangée

ÂGE: 3-4 ans

TEMPS: 10 min

NOMBRE: groupe

Sur l'air du « Fermier dans son pré », les enfants chantent:

Ronde

« L'enfant cherche la reine (bis)
Ohé ohé ohé
L'enfant cherche la reine.
La reine cherche le roi (bis)
Ohé ohé ohé
La reine cherche le roi.
Ohé ohé ohé
Le roi cherche la fève.
Ohé ohé ohé
La fève cherche la galette.
La galette est mangée (bis)
Ohé ohé ohé
La galette est mangée ! »

Déroulement: Les enfants font une ronde en chantant • Un enfant est au milieu, choisit une reine qui le rejoint, choisit le roi... • Au dernier couplet, tout le groupe se jette sur la galette!

Conseil: Faire une ronde chantée met en jeu plusieurs notions importantes pour l'enfant: chanter ensemble, suivre un même rythme et se déplacer en tenant compte de ses voisins.

Comptine à doigts

Le roi dort (une main entoure l'autre poing serré)
Toc, toc, toc! (les 2 poings se frappent)
C'est moi... (l'enfant dit son prénom, 2 poings serrés un index se lève)
Roi, es-tu là? (les 2 poings pivotent sur les poignets)
Toc, toc, toc! (les 2 poings se frappent)
Roi, es-tu là? (les 2 poings pivotent sur les poignets)
Oui je sors! (2 poings serrés, un pouce se lève)

Pouvons-nous entrer au château ?

Sélection suivant un critère

ÂGE : 4 ans et plus

TEMPS : 20 min

NOMBRE : groupe

LIEU : intérieur

Préparation : Dans une grande salle, tracez deux lignes espacées de 10 m environ.

Déroulement : Un enfant est le roi (vous pouvez lui mettre une couronne !). Il tourne le dos aux autres enfants, devant une ligne symbolisant le château • Les autres veulent entrer dans son château. Ils sont installés en ligne derrière le roi à environ 10 m • Les enfants commencent avec cette comptine :
– Majesté, Majesté, pouvons-nous entrer au château ? Le roi répond :
– Non, sauf si vous avez du rouge sur vous (par exemple).
– À ce moment-là, le roi se retourne et les enfants qui portent cette couleur s'élancent pour entrer au château (derrière la ligne). Le roi doit les en empêcher en les touchant.
– Celui qui atteint le château le premier, sans avoir été touché, devient roi à son tour.

La reine musicienne

Musique et réflexes

ÂGE : 3-4 ans

TEMPS : 15 min

NOMBRE : groupe

LIEU : intérieur

MATÉRIEL :
3 instruments de musique (tambourin, clochette, claves)

Le jeu : À chaque instrument correspond un déplacement. Le tambourin : marcher en avant ; la clochette : marcher à reculons ; les claves : sautiller.

Déroulement : La reine fait bouger ses sujets au son des instruments • Quand elle est fatiguée, elle s'assied et les enfants l'imitent • Après un moment, on tire au sort une nouvelle reine.

Comptine

Am Stram Gram
Pique et pique et colégram
Bour et bour et ratatam
Am Stram Gram
Pique dame !

Le portrait royal

Image du corps

ÂGE : 4 ans et plus

TEMPS : 20 min

NOMBRE : individuel

MATÉRIEL :
- 1 grande feuille de papier à dessin blanche (65 x 50 cm)
- encre bleue, rose (ou autre)
- encre de chine
- 1 pinceau brosse et 1 pinceau fin
- ciseaux, colle
- des gommettes dorées ou argentées (facultatif)

Fabrication : L'enfant peint un fond à l'encre avec le pinceau brosse sur la feuille blanche • Il dessine son portrait à l'encre de chine avec un pinceau fin • Il découpe des triangles dans le papier or et colle ces morceaux pour faire une couronne • Il encadre son portrait en collant des petits papiers découpés en carrés • Il peut aussi coller des gommettes pour décorer ses habits royaux.

Conseils : Pour découper des triangles, aidez les enfants en leur disant de couper les angles d'une feuille. Exposez ces dessins aux yeux de tous...

LE FROID

Nains de neige

Une ribambelle de bonshommes de neige sur un mur !

ÂGE : tous

TEMPS : 20 min

NOMBRE : individuel

MATÉRIEL :
- de la neige !
- morceaux de bois, de chiffons, cailloux, récupérations diverses

Déroulement : Sur un mur à leur hauteur, les enfants fabriquent un ou plusieurs bonshommes de neige de 30 cm environ.
- Chapeau : chiffon, petits pots de plastique, bouts de chaussettes coupées…
- Écharpe : bandes de tissus, filet à orange…
- Yeux : cailloux
- Bras : branchettes

L'intérêt est dans la répétition de ces formats auxquels on n'est pas habitués et dans la diversité des détails. Vous pouvez aussi organiser un concours… Que le meilleur sculpteur gagne !

Bonshommes noix de coco

Un petit monde en boules de coco !

ÂGE : 4 ans et plus

TEMPS : 5 min

NOMBRE : individuel

MATÉRIEL :
- 2 boules de coco pour 1 personnage
- 1 râpe fine
- fils sucrés
- petits bonbons
- réglisse
- 1 cure-dent
- 1 peu de blanc d'œuf (pour la colle)

Déroulement : Râpez la surface des boules de coco • Piquez les deux boules, l'une sur l'autre avec le cure-dent (piquez doucement et en tournant) • Utilisez les bonbons pour faire un chapeau, une écharpe (fils sucrés), des yeux, une bouche.

Conseil : Une idée pour fêter un anniversaire et accompagner un gâteau !

L'eau se transforme

Faire une expérience...

ÂGE : 3-4 ans

TEMPS : 10 min

NOMBRE : groupe

LIEU : intérieur et extérieur

MATÉRIEL :
- de la neige !
- 3 récipients (bassines ou autre)
- 1 grande feuille de papier à dessin
- des feutres
- du coton
- colle

Préparation : Il neige, les enfants ramassent de la neige dans 3 récipients.

Déroulement : Une bassine est posée sur un radiateur, une autre placée dans la pièce sur une table, et la troisième laissée dehors • Rassemblez les enfants et demandez-leur : « Que va-t-il se passer à votre avis dans chacune des bassines ? » • Notez la mise en place de l'expérience à l'aide de dessins : chaque bassine est remplie de neige • Collez du coton sur les bassines dessinées en écrivant l'endroit où elle est placée (radiateur, table, dehors) • Puis dessinez les hypothèses des enfants : 3 bassines dessinées en face des autres bassines : du coton s'ils pensent qu'il y aura encore de la neige, un carré bleu (eau) si elle fond • Au bout d'un quart d'heure environ, réunissez les 3 bassines et faites observer les résultats... • Vous serez surpris de voir combien les enfants sont attentifs aux moindres détails : petites brindilles, restes de terre, cheveux, graviers, morceaux de feuille.

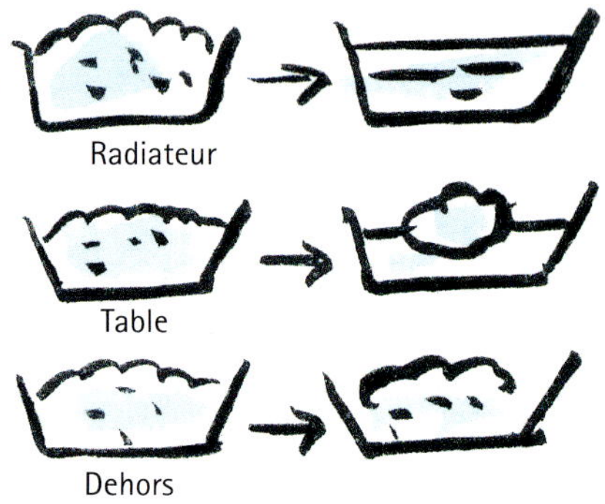

Conseil : Chacun des enfants garde un souvenir de cette expérience en dessinant sur une feuille les 3 bassines avant et après.

Chaud-froid

Vocabulaire des sensations

ÂGE : 3-4 ans

TEMPS : 5 min

NOMBRE : groupe

MATÉRIEL :
feuilles et crayon

Préparation : Avec les enfants, écrivez une liste de mots en rapport avec la le froid puis la chaleur : bouilloire, glaçon, chaise, radiateur... • Glissez des intrus dans cette liste : chaise, ciseaux...

Le jeu : Les enfants, debout, réagissent aux mots évoquant le froid : ils se mettent en boule • Au mot « chaud » : ils font semblant de s'essuyer le front en soupirant • Au mot « intrus » : ils ne font rien.
Ce petit jeu de langage demande attention, connaissance d'un vocabulaire usuel et un bon temps de réaction !

La feuille givrée

Matériaux insolites

ÂGE : 4 ans et plus

TEMPS : 15 min

NOMBRE : individuel

MATÉRIEL :
- pochette plastifiée A4
- 1 feuille blanche
- 1 feutre noir
- sucre en poudre dans une petite assiette
- colle

Déroulement : Demandez à l'enfant de faire un dessin au feutre noir sur la feuille blanche • Il le glisse dans la pochette plastifiée • Il fait un trait à la colle sur le dessin qu'il voit en transparence • Puis il prend des pincées de sucre qu'il laisse tomber sur la colle • S'il y a un excédent de sucre non collé, il prend sa feuille, l'incline vers l'assiette pour faire tomber ce surplus • Il recommence jusqu'à ce que le dessin apparaisse complètement • On ôte alors le dessin de la pochette.

Utilisation : Découpez la bande de côté (avec les trous) et dédoublez la pochette • Vous pouvez la fixer sur la fenêtre avec du ruban adhésif • Dans un groupe, plusieurs dessins feront un joli décor • Si vous agrafez plusieurs feuilles plastifiées ensemble, vous obtenez un panneau pouvant servir de cloison utile pour séparer la bibliothèque, le coin repos...

Astuce : Utilisez la deuxième face plastifiée en fixant un autre dessin au dos avec du ruban adhésif !

Plantations d'hiver

Pour voir sous une plante…

ÂGE : tous

TEMPS : 20 min

NOMBRE : individuel

MATÉRIEL :
- des bulbes de jacinthe, narcisses, et même le splendide amaryllis !
- des récipients en verre transparent : l'idéal un vase à col
- de l'eau

Déroulement : Placez le bulbe de l'amaryllis dans un vase rempli d'eau • Recouvrez-le d'un papier • De jour en jour, les racines apparaissent et grandissent • Puis un bouton annonce la fleur • Enlevez le papier et mettez le vase à la lumière • La fleur s'épanouit : magnifique ! • Quand elle est fanée, coupez la tige et replantez le bulbe pour l'année prochaine !

Remarque : Grâce au vase transparent et à l'eau, l'enfant peut bien observer ce qui se passe habituellement sous terre : les racines. Il regarde aussi la naissance de la tige et de la fleur. Expliquez que la plante se nourrit grâce au bulbe qui contient tout ce dont elle a besoin pour grandir.
Prenez des notes et faites des dessins des observations tous les deux ou trois jours.

Conseil : Mimez les différentes étapes de la pousse de fleur. Partez d'une posture fermée qui s'ouvre peu à peu… Je suis une petite graine, une tige sort lentement. Attention : un bouton, Clac ! J'étale mes pétales ! • Allez le plus lentement possible, demandez à l'enfant de maîtriser ses gestes • Proposez ce mime quand il est agité.

Comptine

Sur la piste, je file sur mes skis
Tête baissée, c'est parti :
Un sapin blanc
Deux chalets blancs
Trois bonshommes blancs
Et mille enfants de toutes les couleurs

Le restaurant des oiseaux

Uniquement en hiver !

TEMPS : 20 min

NOMBRE : individuel

MATÉRIEL :
- 1 bouteille plastique vide avec son bouchon
- 1 sac en plastique noir
- du raphia
- de la ficelle fine
- 1 cutter
- 1 clou ou 1 pointe

À vous de le fabriquer, aux enfants d'observer !

Fabrication :

1. Faites un trou dans le bouchon, passez-y la ficelle terminée par un nœud, revissez le bouchon.

2. Dans le plastique noir, coupez un angle à 20 cm en arrondi. Faites un trou au milieu et passez-y la ficelle.

3. Rabattez ce toit en serrant avec du raphia. Taillez une fenêtre avec le cutter à 5 cm du bas.

Utilisation : Remplissez de graines à oiseaux • Suspendez à une branche par une ficelle.

Variante : Le toit est en raphia.

Casse-croûte des moineaux

ÂGE : tous

TEMPS : 20 min

NOMBRE : individuel

MATÉRIEL :
- margarine ou saindoux
- graines à oiseaux (grainetier)
- 1 verre
- 1 ficelle terminée par un nœud

Fabrication : Faites fondre la margarine • Les enfants ajoutent les graines • Placez le nœud de la ficelle au fond du verre • Versez la préparation • En refroidissant, celle-ci durcit • Pour l'ôter du verre, trempez celui-ci dans l'eau chaude • Suspendez la friandise à une branche... hors d'atteinte des chats !

Conseil : N'oubliez pas la petite coupe d'eau encore plus nécessaire en hiver.

Les écureuils et les pommes de pins

Apprendre à compter

ÂGE : 3-4 ans

TEMPS : 5 min

NOMBRE : 2

MATÉRIEL :
- 1 dé de 1 à 4 points
- 2 boîtes de 6 œufs : ne garder que les parties avec les alvéoles
- 12 petites pommes de pin (à défaut des cailloux, des gros boutons, des noix... pas d'objets trop petits)

Préparation : Les 2 joueurs ont chacun une boîte avec 6 cases • Au milieu, la pioche : 12 pommes de pin.

Le but : Remplir sa boîte le premier.

Déroulement : Chaque enfant joue l'un après l'autre • Il jette le dé. Le nombre de points indique le nombre de pommes de pin gagnées • Il les prend dans la pioche et les range dans sa boîte.

Conseil : Un jeu simple pour découvrir la notion de quantité : associer le nombre de points du dé au nombre d'objets • Vous pouvez fabriquer ce dé, il existe des dés blancs dans le commerce.

Les écureuils et les noisettes

TEMPS : 20 min

NOMBRE : individuel

MATÉRIEL :
- 1 panier rempli de noisettes ou à défaut de pions, boutons, cailloux…
- 1 dé de 1 à 6
- 1 récipient par joueur (boîte, bol…)

Le but : Gagner le plus possible de noisettes.

Le jeu : Chaque joueur lance le dé et gagne autant de noisettes que de points sur le dé • Sauf s'il tombe sur le 6 : il rend une noisette dans la pioche • Le jeu s'arrête quand il n'y a plus de noisettes • On compte sa récolte.

Intérêt : Une façon d'apprendre à compter et de comparer : le premier joueur aligne ses noisettes et le deuxième met les siennes juste en dessous.
On peut ainsi compter les noisettes en plus ou en moins.

Un goûter d'écureuils

Des sablés aux noisettes

ÂGE : tous

TEMPS : 20 min

NOMBRE : groupe ou individuel

MATÉRIEL :
- 1 grand saladier
- 1 cuillère en bois et des cuillères à café
- 1 plaque de four

INGRÉDIENTS :
- 250 g de farine
- 250 g de beurre mou
- 250 g de sucre
- 2 œufs
- 1 sachet de sucre vanillé
- 200 g de noisettes broyées au mixer

Préparation : Les enfants mélangent d'abord le beurre, le sucre et le sucre vanillé • Puis la farine, les œufs et les noisettes • Beurrez et farinez la plaque • Avec une cuillère à café, les enfants font de très petits tas de pâte sur la plaque (pas trop serrés car, à la cuisson, les gâteaux s'étalent)

Cuisson : 10 min à four chaud (th. 7) • Prévoyez 2 ou 3 fournées.

Suggestion : Comme il y a beaucoup de biscuits, on les goûte et on va en offrir !

Cache-noisettes !

Les contraires et les nuances

ÂGE : tous

TEMPS : 15 min

NOMBRE : individuel

MATÉRIEL :
des noisettes ou des petits objets à cacher

Avant l'hiver, l'écureuil cache des provisions. Mais comme il est très étourdi, il ne les retrouve pas toujours... Aidez-le.

Le jeu : Cachez les objets • Dites aux enfants : « Un écureuil a perdu sa réserve de noisettes. À vous de la retrouver. Si vous vous approchez, je vous dirai : c'est chaud et si vous vous éloignez, je vous dirai : c'est froid » • Les enfants partent à la recherche des noisettes et vous les guidez...
Pour les plus grands, ajoutez des notions intermédiaires : tiède, brûlant, glacial...

Les taupes et les vers de terre

Les lois de la nature

ÂGE : 4 ans et plus

TEMPS : 20 min

NOMBRE : groupe

LIEU : salle

MATÉRIEL :
- des tapis de gymnastique

Les taupes vivent sous terre. En hiver, elles gardent des vers de terre prisonniers pour les manger !

But : Les taupes attrapent les vers de terre, les vers tentent de leur échapper.

Préparation : Dans la salle, délimitez un espace avec les tapis. Prévoyez une taupe pour dix vers de terre.

Déroulement : Vous lancez le jeu : « Les taupes en hiver gardent les vers de terre dans leurs galeries pour les manger ! À mon signal, les taupes vont courir après les vers de terre et les vers de terre vont s'enfuir à quatre pattes. Attention personne n'a le droit de sortir des tapis ! Les vers de terre touchés s'assoient et ne bougent plus. Les trois derniers vers de terre deviennent les trois nouvelle taupes. » • Quand le jeu est bien compris, proposez une nouvelle règle : « Maintenant, si un ver de terre se met sur le dos, la taupe ne peut plus le toucher, le temps de compter jusqu'à 5. » Ou encore : « Un ver de terre à quatre pattes peut délivrer un ver de terre assis en lui touchant l'épaule. »

Conseils : Variez les signaux sonores (sifflet ou tambourin) ou visuels (lever de bras, frappement de mains)

Remarque : Ce jeu permet aux enfants de développer des stratégies de déplacements, d'attaques, d'esquives et de coopération.

Grands et petits pieds

À chacun son empreinte

ÂGE : 4 ans et plus

TEMPS : 20 min

NOMBRE : 2 minimum

MATÉRIEL :
- des feuilles de papier A4
- 1 crayon
- ciseaux

Déroulement : Un enfant demande à un ami de poser son pied déchaussé sur la feuille de papier • Il dessine le contour, l'ami peut se rechausser • Le dessinateur écrit le nom du propriétaire du pied et le découpe • Tous ceux qui acceptent de poser leur pied seront dans la collection.

Utilisation : L'enfant va ranger les empreintes dans l'ordre croissant ou décroissant... ou les poser comme sur un chemin. Selon la taille de chacune, l'enfant marchera dessus de façon différente : légèrement ou lourdement !

Combien de pas ?

Pas à pas...

ÂGE : tous

TEMPS : 10 min

NOMBRE : groupe

LIEU : intérieur ou extérieur

Préparation : Un enfant « Monsieur Pied de nez » est adossé à un mur • Les autres sont alignés face à lui.

Le jeu : En posant des questions à Monsieur Pied de nez, les enfants avancent • Le premier arrivé jusqu'à lui, le remplace • Les enfants : « Combien de pas Monsieur Pied de nez ? » • Monsieur Pied de nez : « 2 pas de géant » • Et ainsi de suite... avec différents pas :
pas de géant : grand pas
pas de fourmi : pieds mis l'un devant l'autre, en se touchant.
pas de parapluie : tour sur soi
pas de crabe : pas chassé.

Conseils : À vous d'en inventer d'autres...
Un bon jeu pour jouer en récréation !

FÊTE AU VILLAGE
SUPER! ON FAIT UN MASQUE
1
2 3 4 5 6 7 8
9 10 11 12 13 14 15
16 17 18 19 20 21 22
23 24 25 26 27 28 (29)
GRANDE FÊTE À LA MAISON

FÉVRIER

LE CARNAVAL

Le char du Roi Carnaval

ÂGE : à partir de 4 ans

TEMPS : 20 min

NOMBRE : groupe

MATÉRIEL :
Pour le char, demandez l'autorisation d'emprunter un chariot au responsable d'un supermarché sinon cherchez dans votre entourage un vieux landau, une brouette, quelque chose qui roule !

Un vrai défilé avec un char pour le roi Carnaval suivi d'enfants déguisés et bruyants !

Décoration : Accrochez des dessins d'enfants tout autour du char ou tout simplement du papier crépon agrémenté de papiers collés.

Le Roi Carton

Se rassembler autour d'un emblème

ÂGE : 3 ans

TEMPS : 15 min

NOMBRE : groupe

MATÉRIEL :
- des cartons vides assez grands (suivant la contenance du char)
- boîte de fromage ou rouleaux de carton
- peinture
- papiers de couleur, crépon et autres
- colle

Idéal pour les plus petits !

Fabrication : Superposez 2 ou 3 boîtes en carton • Collez le nez (boîte, rouleau), peignez les yeux, le nez, la bouche, collez des lanières de papier de couleur pour les cheveux • Fabriquez et collez une couronne • Habillez le Roi de papier ou de tissu • Faites un gros nœud en papier crépon autour du cou • Installez le Roi Carton dans un chariot... et en avant pour le défilé !

Le Roi Tourond

Pour les plus grands

MATÉRIEL :
- 2 grands sacs poubelles (50 l.)
- 2 vieux Tee-shirt (taille XXXL) dont 1 blanc
- 1 très grande quantité de vieux journaux
- des lanières de tissus de toutes les couleurs
- 1 vieille chaussette
- carton ondulé ou papier à dessin
- peinture
- 2 élastiques
- agrafeuse
- fil, aiguille, colle

Fabrication :

1. Chiffonnez les feuilles de papier journal et remplissez les deux sacs poubelles.

2. Fermez-les.

3. Nouez les 2 manches des 2 Tee-shirts sur l'envers • Retournez-les sur l'endroit • Emballez chaque sac.

4. Agrafez les ouvertures • Superposez les 2 sacs, agrafez-les • Faites une balle avec la chaussette (cf. p. 63) et cousez-la au milieu du sac supérieur.

5. Peignez les yeux, une grande bouche, les joues • Agrafez des lanières de tissu pour les cheveux.

6. Fabriquez une couronne en carton ondulé ou en papier et fixez-la sur la tête • Habillez le roi Tourond d'une étoffe pour la cape • Nouez une grande bande de tissu pour l'écharpe.

7. Installez le roi dans son char • S'il n'est pas assez haut, surélevez-le avec des cartons.

Intérêt : Participer à une création collective donne l'occasion à chacun de s'exprimer et de coopérer dans un même but. Vous pouvez aussi montrer aux enfants les défilés du carnaval de Nice qui ont cette même particularité de réaliser des chars avec des « grosses têtes ».

Les enfants se masquent !

ÂGE : à partir de 4 ans

TEMPS : 10 min

NOMBRE : individuel ou groupe

MATÉRIEL :
- carton (de vin ou d'eau minérale)
- papier de couleur
- gouache
- colle, ciseaux, cutter
- serpentins, rouleaux de carton, bouchons…

Fabrication : Coupez les rabats de fermeture du carton • Collez des papiers de couleur sur toutes les faces • Dessinez 2 grands yeux (vérifiez qu'on puisse voir), ôtez ces 2 morceaux de carton • Peignez et collez des éléments pour le nez et la bouche (bouchons, tubes), pour les oreilles (boîtes de fromage rondes) et pour les cheveux (serpentins, rouleaux de carton).

Conseils : En février, les enfants défilent en anorak ou en manteau ; pour ajouter de la couleur, fabriquez-leur des manchettes. Taillez des bandes de tissu ou de crépon (40 x 15 cm). Introduisez-en une dans un élastique (plus grand que le poignet de l'enfant). Rabattez, agrafez, enfilez cette manchette. Pour le défilé sortez les maracas, tambourins et sifflets… aujourd'hui faire du bruit, c'est permis !

Le Mille-pattes

Un déguisement collectif

ÂGE : à partir de 4 ans

TEMPS : 10 min

NOMBRE : de 3 à 10 enfants

MATÉRIEL :
- du tissu pas cher de couleur vive en grande largeur (140 cm) la longueur dépend du nombre d'enfants) – compter 3,60 m pour 5 enfants et 5,40 m pour 10 enfants
- ciseaux
- peinture acrylique, pinceaux

Quoi de plus amusant et de plus spectaculaire que de participer à un déguisement collectif !

Préparation : Pliez le tissu en 2 dans la longueur • Coupez les angles en arrondi • Marquez l'emplacement des têtes et des bras puis coupez le tissu.

Décoration (facultative) : Le tissu est posé par terre à plat • Protégés par de vieux vêtements, les enfants le décorent avec de la peinture acrylique.

Déroulement : Alignez les enfants, enfilez les têtes et les bras dans les ouvertures prévues • Faites-les répéter pour se déplacer ensemble : comment démarrer en piétinant, marcher en avant, tourner, s'arrêter.

Conseil : Prévoyez un même couvre-chef pour tous : foulard noué autour de la tête, bonnet de bain, chapeau pointu • Demandez aux enfants de porter une même couleur de pull, ainsi tous les bras seront pareils • Celui qui conduit le défilé a une tête plus imposante : masque, chapeau, antennes...

Ce principe peut aisément s'adapter à un autre thème : dragon, chenille, train...

Gâteau de crêpes

ÂGE : tous

TEMPS : 20 min

NOMBRE : groupe

INGRÉDIENTS :
- 125 g de farine
- 2 œufs
- 1 cuillère à soupe de sucre
- 1/2 de litre de lait
- 1 pincée de sel

Pour la garniture :
- 1 pot de confiture de fraises ou de framboises
- 1 bombe de crème chantilly
- sucre glace

Préparation : Avec les enfants, préparez la pâte à crêpes en mélangeant la farine, le sucre, les œufs, le sel et le lait • Laissez reposer 1 h • Faites chauffer la poêle, graissez-la et faites dorer les crêpes sur les 2 faces • Empilez-les sur une assiette • Pour réaliser le gâteau, placez une crêpe sur le plat, tartinez-la de confiture, couvrez d'une deuxième crêpe, recouvrez-la de crème chantilly et ainsi de suite jusqu'à épuisement des crêpes en alternant confiture et chantilly • Terminez par une crêpe que vous saupoudrez de sucre glace.

UNE FÊTE À THÈME LA JUNGLE

Une invitation

Jouer avec les motifs

ÂGE : 3-4 ans

TEMPS : 10 min

NOMBRE : individuel

LIEU : intérieur

MATÉRIEL :
- papier A 4 jaune
- gouache noire ou gros feutre noir
- gommettes
- des photos ou des dessins d'animaux à fourrure tachetée comme la girafe ou le jaguar et rayée comme le tigre ou le zèbre… (dans des livres documentaires).

Déroulement : Montrez des images d'animaux • Reproduisez leurs motifs en faisant des taches ou des rayures sur le papier A4 • Coupez la feuille en 2, vous aurez 2 lettres • Écrivez l'invitation du côté non peint :

Je t'invite à mon anniversaire,
Le mercredi 26 février à 15 heures
Dans la jungle

Pliez la feuille en 3, fermez-la par une gommette • Écrivez le nom du destinataire sur un petit papier blanc collé sur l'endroit de l'enveloppe. Si l'invitation est postée, collez un timbre.

Palmiers à l'entrée

Une décoration pour se mettre dans l'ambiance !

MATÉRIEL :
- pour 2 palmiers : feuilles de papier à dessin (65 x 50 cm)
- 3 feuilles vertes
- 2 feuilles marron
- gouache, pinceau
- feutres
- ruban adhésif double face

Préparation : Dans le papier vert, dessinez 4 feuilles d'arbre • Découpez • Coupez en 2 le papier marron dans le sens de la hauteur.

Fabrication :

2. Placez les feuilles en éventail.

3. Agrafez-les.

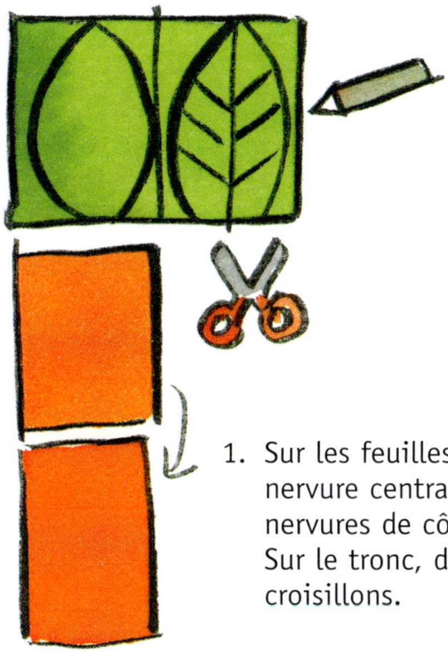

1. Sur les feuilles, tracez une nervure centrale et des nervures de côté. Découpez. Sur le tronc, dessinez des croisillons.

4. Les bandes du tronc sont décorées de croisillons (peinture, feutres).

Disposition : À l'entrée, fixez avec le double face les 2 bandes du tronc et les feuilles qui vont se courber élégamment.

Conseil : Vous pouvez agrémenter de ballons de baudruche.

Les animaux de la jungle

Des images pour plusieurs activités.

Vous trouverez des patrons à photocopier p. 218. Ils vous serviront pour plusieurs activités.

La nappe et les gobelets

Personnaliser la table

MATÉRIEL :
- gobelets en carton, nappe en papier de couleur vive
- photocopies des animaux

Fabrication : Découpez les cartes d'animaux (p. 218) • Fixez-les dans le bas de la nappe et collez-en une sur chaque gobelet.

La tête de l'invité

Tous en jeu !

MATÉRIEL :
- 1 bande de tissu (70 x 10 cm)
- photocopies des animaux : découpez les cartes
- feutres
- agrafeuse

Déroulement : Quand l'enfant arrive pour la fête, proposez-lui de choisir un animal, de prendre 2 images de cet animal et de les colorier • Agrafez une image sur le milieu d'une bande de tissu • Aidez l'enfant à nouer ce bandeau autour de la tête : il devient lion, crocodile éléphant… • Gardez l'autre image pour le tableau final (voir p. 113).

L'acheteur du zoo

ÂGE : 4 ans

TEMPS : 10 min

NOMBRE : groupe

LIEU : intérieur ou extérieur

Préparation : Répartissez les enfants selon deux rôles : les mères animaux et leurs petits • Un enfant joue le rôle de l'acheteur du zoo.

Déroulement : Les mères forment une ronde, chaque petit est assis à leurs pieds • L'acheteur du zoo doit demander à une maman si elle veut vendre son petit • Si la maman répond oui : l'acheteur devient la maman et la maman devient l'acheteur • Si la maman répond non : elle court dans un sens de la ronde et l'acheteur court dans l'autre sens pour essayer de prendre sa place • Si celui-ci arrive le premier, les deux enfants échangent leur rôle.

Tranches de tigre

INGRÉDIENTS :
- pain de mie tranché
- crème de marron

Fabrication : Empilez les tranches de pain de mie tartinées entre elles de crème de marron • Sur une planche, avec un couteau scie, ôtez les croûtes puis recoupez les sandwichs en 4 ou 6 morceaux.

Rouleaux de boa

INGRÉDIENTS :
biscuit roulé (acheté ou fabriqué)

Fabrication : Découpez des tranches, présentez-les à plat.

Boisson de la jungle

INGRÉDIENTS :
- 1 l de jus d'ananas + 1 l de limonade
- ou 1 l de mangue + 1 l de limonade

Fabrication : Mélangez et gardez au frais • Servez avec une cerise (surgelée ou en boîte) et une paille.

Gâteau de la jungle

Peut-être adapté à tous les thèmes

ÂGE : tous

TEMPS : 20 min

NOMBRE : individuel ou groupe

INGRÉDIENTS :

- 2 biscuits ronds quatre-quarts à acheter ou à fabriquer (2 fois : 150 g de beurre, de sucre, de farine, 3 œufs, 1 sachet de sucre vanillé). Cuisson : 40 min, th.6.
- confiture de fraise
- glaçage : 500 g de sucre glace, colorant alimentaire vert, 1 blanc d'œuf)
- Bonbons, confiserie de toutes les couleurs

Préparation : Photocopiez les animaux en réduction (p. 218) ainsi que des palmiers (p. 219) • Coloriez-les • Recouvrez d'adhésif plastifié recto et verso en gardant dans le bas une bordure de 2 cm • Découpez-les.

Fabrication : Posez une assiette (de diamètre inférieur à celui des biscuits) sur un des 2 biscuits • Coupez-le • Tranchez les 2 biscuits (le grand et le petit) dans l'épaisseur, fourrez-les avec de la confiture • Dans le reste du gâteau, coupez des morceaux pour faire un petit rond (collez-les avec le glaçage) • Superposez les 3 ronds • Glaçage : mélangez 500 g de sucre glace, un blanc, d'œuf, du colorant alimentaire et progressivement des gouttes d'eau pour obtenir la consistance de beurre ramolli • Avec la lame plate d'un couteau, étalez le glaçage à partir du haut sur les 3 étages • Avant le séchage et le durcissement, placez les animaux, les palmiers et des petits bonbons • Remplissez le plat de bonbons multicolores : crocodiles, nounours, fils sucrés…

Conseils : Des cierges magiques compléteront le spectacle…

Les singes et les noix de coco !

ÂGE : 4 ans et plus

TEMPS : 10 min

NOMBRE : 2 équipes de 5 joueurs

MATÉRIEL :
- 30 pinces à linge (noix de coco)
- 1 ficelle
- 2 récipients (cuvette, bassine ou autre)

LIEU : extérieur

Le but : Décrocher le plus de noix de coco possible pour sa famille.

Préparation : Accrochez la ficelle entre 2 murs, 2 arbres…

Le jeu : Les deux familles de singes sont alignées de part et d'autre de la ficelle à 5 m • Au signal, les premiers joueurs de chaque famille courent décrocher une noix de coco, reviennent, tapent dans la main du second en disant « noix de coco », jettent leur pince à linge dans la bassine et reviennent à leur place • Le 2e fait la même chose, puis le 3e, le 4e et le 5e • Le 5e va taper dans la main du 1er et ainsi de suite • Le jeu s'arrête quand il n'y a plus de pinces à linge • On compte ses noix de coco : quelle famille en a le plus ?

Remarque : Ce jeu d'équipes favorise la coopération et entraîne les enfants à réagir à un signal.

Comptine

Un petit singe comptait ses dents
Vingt et une, la lune
Vingt-deux, le feu
Vingt-trois, la croix
Vingt-quatre, l'emplâtre
des saucisses et du boudin.
des saucisses et du boudin.

La marelle des palmiers

Un jeu traditionnel adapté au thème du jour

ÂGE : tous

TEMPS : 10 min

NOMBRE : petit groupe

LIEU : extérieur

MATÉRIEL :
- 1 craie
- 1 joli caillou par joueur

Préparation : Tracez une marelle au sol.

Pour les petits : On saute de case en case et l'on revient au départ (sauts à pieds joints, pieds écartés ou sur un pied)

Pour les grands : On lance un caillou que l'on pousse de case en case à cloche-pied • Si l'autre pied touche terre, on passe son tour (en laissant son caillou par terre) • Le gagnant est celui qui réussit à revenir au départ le premier.

Variante : On lance le caillou dans la case 1 • La case occupée par le caillou est interdite • On saute à cloche-pied de case en case et l'on revient au départ sans oublier de reprendre son caillou en revenant • Si l'on rate son tir, que l'on marche sur un trait ou que l'on pose l'autre pied par terre, on passe son tour.

Conseil : Ce type de jeu où l'on joue à tour de rôle est l'occasion de proposer des comptines. Chaque enfant pose un pied, et un meneur dit la ritournelle en touchant de son doigt chaque pied l'un après l'autre. La dernière syllabe désigne le premier joueur, et ainsi de suite…

Les gages de la jungle

Pas de punition, des occasions de rire ensemble

ÂGE : tous

TEMPS : 5 mn

NOMBRE : petit groupe

Dans un sac, prévoyez des petits papiers « à gage ». L'enfant pioche et vous lisez :
- Dire très très vite : « Le cacatoès casse des noix de coco ».
- Devinette : « J'ai la peau jaune et des taches marron mais je n'ai pas de pattes. Qui suis-je ? ». (La banane)
- Dis bonjour en imitant : le tigre, la gazelle, l'éléphant.
- Compte jusqu'à 10 p'tits singes : 1 p'tit singe, 2 p'tits singes…
- Fais la plus belle grimace de singe ! Tu dois faire rire au moins 3 amis !
- Répète tout ce que je dis comme un perroquet !
- Dis toutes les couleurs que l'on peut voir dans la jungle.

Ramper comme un serpent

L'air de rien, de la gymnastique !

ÂGE : tous

TEMPS : 10 min

NOMBRE : petit groupe

Le but : Ramper sous un pont formé par les autres enfants.

Le jeu : Les enfants sont à genoux, les mains posées par terre, alignés les uns à côté des autres • Un enfant passe sous le tunnel, en sort, et se place comme ses camarades • Le suivant fait la même chose, etc.
Attention le pont ne doit pas s'écrouler !

Variante : Les enfants, debout, forment une arche en se tenant les mains en l'air • Les autres passent en dessous.

Remarque : Se faufiler, ramper, font partie des actions élémentaires chez le jeune enfant. Ce tunnel sera sans doute aussi celui des rires et de la bonne humeur !

La pêche aux piranhas

L'air de rien, un exercice de concentration

ÂGE : tous

TEMPS : 20 min

NOMBRE : groupe

MATÉRIEL :
- des petits cadeaux (mini-puzzles, sifflets, ballons à gonfler, petits jouets de plastique…)
- papier d'emballage uni et papier de soie (ou essuie-tout)
- ficelle
- gommettes blanches
- feutre noir
- canne à pêche

Fabrication : Emballez les cadeaux dans le papier de soie, puis dans le papier d'emballage pour avoir une forme allongée, régulière et entortillée à une extrémité • Nouez la ficelle avec une boucle au-dessus • Collez deux gommettes blanches marquées d'un point au milieu pour les yeux • Dessinez une bouche avec des dents menaçantes puis quelques écailles.
Bonne pêche à tous !

Le tableau final!

Inspiré du Douanier Rousseau

ÂGE : tous

TEMPS : 20 min

NOMBRE : groupe

MATÉRIEL :
- 1 feuille de papier vert (50 cm x 32,5 cm)
- des petites feuilles de papier vert (différents si possible)
- colle, ciseaux
- feutres
- les animaux photocopiés et coloriés (voir p. 106)

Préparation : Cherchez une reproduction du peintre Le Douanier Rousseau représentant des animaux dans la jungle • Montrez-la aux enfants • Collez une grande feuille verte au mur en expliquant qu'il s'agit d'une forêt où habitent les animaux qu'ils vont réaliser.

Déroulement : Découpez les contours des animaux (traits extérieurs) reçus au début de la fête • Placez-les puis collez-les librement sur la feuille verte, séparément ou serrés les uns contre les autres • Déchirez des lanières dans les petites feuilles de papier vert pour faire les herbes • Dessinez ensuite des arbres et collez des feuilles et des herbes qui cachent un peu les animaux.

Conseils : Une occasion de faire ensemble un tableau décoratif ! C'est aussi un beau cadeau souvenir pour celle ou celui qui est fêté !

1 2 3 4 5 6 7
8 9 10 11 12 13 14
15 16 17 18 19 20 21
22 23 24 25 26 27 28
29 30 31
Voir le marchand de chaussures
Visite de musiciens

MARS

LA MAISON

Mime de la pluie

Nuances et maîtrise de soi

ÂGE: 3-4 ans

TEMPS: 5 min

NOMBRE: individuel ou groupe

Chaque phrase est rythmée par un geste.

« Elle arrive. Écoute ! » : frappez l'index sur la paume de l'autre main.

« 1 goutte, 2 gouttes, 3 gouttes ! » : frappez avec 1 doigt, 2 doigts, 3 doigts.

« La pluie tombe plus fort ! » : avec les 2 mains, applaudissez.

« c'est l'averse ! » : Tapez des mains et des pieds.

« Le nuage passe, la pluie diminue. » : diminuez l'intensité des battements.

« Il n'y a plus que 3 gouttes, 2 gouttes, 1 goutte » : un à un, les doigts se retirent.

« écoute, plus de goutte » : mettre un doigt sur la bouche.

Comptine mimée

Dans ma maison bien à l'abri,
j'entends le bruit de la pluie !
Elle arrive ! Écoute
1 goutte, 2 gouttes, 3 gouttes !
la pluie tombe plus fort, c'est l'averse
Le nuage passe, la pluie diminue.
Il n'y a plus que 3 gouttes, 2 gouttes,
1 goutte, écoute : plus de goutte !

Les bruits de la maison

Affiner la mémoire auditive

ÂGE: à partir de 4 ans

TEMPS: 15 min

NOMBRE: groupe

Préparation : Les enfants sont en rond.

Déroulement : Demandez-leur s'il se souviennent des bruits qu'ils entendent dans leur maison • Ils interviennent les uns après les autres • Après chaque évocation, l'enfant essaie de reproduire le bruit puis tout le groupe l'imite : crr crr, boum, cric crac, vlan, psh, pssssshhh… • Aidez-les en donnant quelques idées : claquement de portes, clé dans la serrure, claquement de volets, roulement de rideaux • Ensuite, proposez-leur de parcourir leur maison les yeux fermés : « qu'est-ce qu'on entend dans la cuisine ? » (compte-minutes, autocuiseur, four micro-ondes, fourchette battant un œuf…), « et dans la salle de bain ? » (robinet, douche, brosse à dents…), « dans la salle à manger,

le salon, le séjour...) • Finalement presque tout ce qu'on voit dans la maison peut être évoqué par un son !

Conseils : Vous pouvez réaliser des enregistrements de sons de la maison et les proposer aux enfants individuellement à l'aide d'un casque auditif. Fabriquez une petite carte avec les photos des objets que l'enfant devra identifier à l'audition. Pour cela, il pose un pion sur l'image correspondante.

Maison cerceau

Jeu de mime

ÂGE : 3-4 ans

TEMPS : 15 min

NOMBRE : groupe

MATÉRIEL :
un cerceau par enfant

Préparation : Marguerite demande aux enfants ce qu'ils font en rentrant chez eux : « J'enlève mon anorak et mes chaussures, je joue avec mon chien, je goûte, je regarde un peu la télévision, je bavarde avec maman et mon petit frère, je prends mon bain, je dîne, je me lave les dents, je regarde un livre, j'écoute une histoire, j'ai mon doudou, je m'endors... ». Notez ces actions.

Déroulement : Chaque enfant est assis dans un cerceau • Marguerite énonce des actions décrites auparavant • L'enfant les mime dans son cerceau-maison : debout, assis, recroquevillé, allongé, à genoux...

Dedans dehors !

Notions d'espace

ÂGE : 3-4 ans

TEMPS : 15 min

NOMBRE : groupe

MATÉRIEL :
- 3 instruments de musique : 1 clochette, 1 klaxon, 1 tambourin
- 1 cerceau par enfant

Déroulement : Marguerite explique : « Quand je dis : 'dedans!' saute dans ton cerceau » • « Quand je dis : 'dehors !' saute hors de ton cerceau » • « Quand je dis : 'autour !' tourne en sautillant autour de ton cerceau » • Puis Marguerite complique le jeu : « Au son de la clochette, il faut entrer dans la maison » • « Au bruit du klaxon, il faut sortir de la maison » • « Au son du tambourin, il faut danser autour de la maison. »

Les dangers de la maison

Connaître et prévenir les dangers…

ÂGE : 4 ans et plus

TEMPS : 10 min

NOMBRE : groupe

LIEU : intérieur ou extérieur

MATÉRIEL :
des objets divers que l'on trouve dans une maison, certains présentant un danger : fer à repasser, couteau, boîte d'allumettes, bouteille avec étiquette « produit toxique », et d'autres objets anodins : chaussures, poupées, livres…

Préparation : Disposez les objets sur une table.

Déroulement : Les enfants s'installent autour de la table • Expliquez : « Vous avez tous ces objets à la maison. Certains peuvent être dangereux. Lesquels ? Pourquoi ? » • Ce sera l'occasion pour les enfants de montrer ce qu'ils savent et ce qu'ils ne savent pas • Avec eux, réalisez un tableau qui rappellera les dangers domestiques • Exposez-le.

Conseil : Chargez les plus grands de prévenir leur petit frère ou petite sœur des dangers, et de ce qu'il ne faut pas faire. L'aîné sera fier d'être ainsi responsabilisé.

Comptine

Ma maison est en carton
Les escaliers sont en papier
Le facteur y est passé
Il s'est cassé le bout du nez !

Les 3 petits cochons

Matières en jeu

ÂGE : 4 ans et plus

TEMPS : 20 min

NOMBRE : groupe ou individuel

MATÉRIEL :

- 1 feuille A3 divisée au 1/3 par une ligne horizontale
- bristol
- peinture
- colle, ciseaux
- de la paille ou du raphia
- des brindilles, des écorces
- du carton mince
- des bouchons

Préparation : Dessinez et découpez trois silhouettes de maison dans le bristol • Les enfants peignent le carton en couleur brique • Découpez-y des petites rectangles en carton (les briques) • Découpez des rondelles de bouchons.

Déroulement : Racontez l'histoire des trois petits cochons • Sur la feuille A3, l'enfant peint le ciel en bleu et le sol en vert • Sur la première maison, il colle des brins de paille ou de raphia • Sur la deuxième maison : des brindilles et des écorces ou à défaut du papier brun • Sur la troisième : des petites briques (rectangles en carton) • Retournez et découpez ce qui dépasse • L'enfant dispose les maisons sur la feuille • Pour chaque cochon, il colle deux ronds de bouchon peints en rose, superposés sur le fond • Il dessine quatre pattes au feutre et deux points noirs pour les yeux • Il colle un rond de carton rose pour le groin • Il dispose les cochons sur le décor.

Conseil : Vous pouvez en profiter pour aborder les matières et leur exploitation.

Une vraie maison

Premiers pas d'ingénieur

ÂGE : 4 ans et plus

TEMPS : 20 min

NOMBRE : groupe

LIEU : intérieur

MATÉRIEL :
- cartons de lait (132 pour la maison décrite, très bien lavés et séchés)
- colle cellulosique et gros pinceaux plats
- 1 fil à plomb (ou 1 poids accroché au bout d'une ficelle)
- 1 plan d'eau
- 2 grands cartons plats

But : Construire une maison « solide ».

Fabrication : Montrez le plan : la maison est composée de 4 façades : une avec une entrée, deux avec des fenêtres et une sans fenêtre • Pour la façade avec la porte, le mur est composé de plusieurs blocs que vous réunirez quand les briques seront collées • Faites de même pour les murs de côté avec fenêtres • Plusieurs équipes travaillent séparément puis se réunissent • Montrez l'utilité du plan d'eau pour vérifier l'horizontalité, et l'efficacité du fil à plomb pour vérifier la verticalité. Ainsi les enfants approchent de vrais outils du bâtiment et du bricolage.

Déroulement : Répartissez des équipes de deux ou trois constructeurs • Comptez les briques sur le plan • Commencez à coller • Vérifiez les morceaux de murs • Aidez les enfants à les coller ensemble • Pour les parties sous le toit, suivez le croquis • Posez deux grands cartons plats pour le toit • Passez d'abord une première couche de peinture blanche puis décidez des couleurs avec les enfants.

Remarque : Un vrai projet mettant en œuvre découverte d'outils de construction du bâtiment et coopération entre les enfants. Les enfants seront ravis de construire une vraie maison qui servira soit à l'intérieur soit à l'extérieur pour les beaux jours.

Une maison cabane

ÂGE : tous

TEMPS : 10 min

NOMBRE : groupe de 3 ou 4 enfants

LIEU : intérieur

MATÉRIEL :
- récupérez pendant plusieurs semaines des boîtes de chaussures ou des cartons de toutes sortes
- quelques grands cartons plats d'1 m² environ
- quelques grands tissus

But : Fabriquer une maison éphémère.

Préparation : Répartissez les enfants en équipes de constructeurs (3 ou 4) dans une grande salle • Le matériel est au milieu.

Déroulement : Demandez aux enfants de construire une maison avec les matériaux présents en 10 mn.

Fin : On compare… et on démolit tout !

Un potager en jardinière

Cuisiner naturel

ÂGE : tous

TEMPS : 20 min

NOMBRE : individuel ou groupe

MATÉRIEL :
- des graines de ciboulette, cerfeuil, thym, basilic
- un mélange de terre et de sable (tout prêt ou à préparer)
- des billes d'argile ou du charbon (pour absorber le trop plein d'eau)
- 1 jardinière (1 m de long, 25 cm de profondeur, 40 cm de large)
- des étiquettes avec le nom des plantes écrit dessus

Quelle joie de montrer aux enfants la nature qui croît. Il suffit d'avoir de la lumière et les contenants adaptés (pots, jardinières, bacs) aux espèces choisies.

Déroulement : Préparez la terre (terre + sable) • Mettez une couche de billes d'argile au fond de la jardinière • Remplissez-la avec le mélange terre-sable • Prévoyez quatre emplacements et piquez les étiquettes • Posez les graines à leur place, recouvrez d'une fine couche de terre et arrosez bien (voir conseils) • Au bout de quelques jours, des jeunes pousses apparaissent • Quand elles atteignent 3 cm environ, retirez-les délicatement, et replantez-les en les espaçant tous les 5 cm • À cueillir régulièrement pour fortifier la plante.

Utilisation : Les plantes aromatiques donnent du goût aux salades, aux grillades et accompagnent très bien toutes sortes de plats ! À vous d'innover !

Conseils : N'oubliez pas un récipient sous la jardinière pour récupérer le trop plein d'eau ! Ceci évitera d'arroser le sol ! Lavez bien les récoltes. En classe, prévoyez un pot de 10 cm de diamètre par enfant : chacun décore son pot et peut le rapporter à la maison !

Secrets d'arrosage : Souvent les plantes meurent parce qu'elles ont reçu trop d'eau. Avant d'arroser, examinez la terre : enfoncez un doigt à 2 cm de profondeur : si la terre est humide et froide, n'arrosez pas, si elle est sèche arrosez !
Mieux vaut arroser beaucoup en une seule fois que plusieurs petites fois : l'eau pénètre mieux dans la terre jusqu'aux racines.
Quelle eau ? Évitez l'eau directe du robinet (trop froide, trop calcaire, trop chlorée). Remplissez deux ou trois bouteilles d'eau et utilisez l'eau le lendemain : elle sera prête pour être servie aux plantes !

Remarques : Au mois de mars, c'est le moment de regarder aussi au-dehors le réveil coloré de la nature : la floraison du forsythia, des pensées, de l'aubépine, de la petite pervenche, de la ficaire, de la jonquille des bois.
Essayez d'observer les moineaux qui font leur nid, d'écouter les mésanges bleues et charbonnières.

Les ronds de la maison

Initiation ludique aux formes

ÂGE : 3 ans

TEMPS : 10 min

NOMBRE : individuel ou groupe

MATÉRIEL :
- cherchez et réunissez des objets ronds : bouchons, couvercles, tasses, bols, tubes, gobelets…
- papier bristol
- feutres de couleur
- gomme à fixer

Déroulement : Fixez les objets avec la gomme sur le papier • L'enfant dessine les contours puis enlève les objets et la gomme • Il colorie ces ronds de différentes teintes • Le jeu consiste à replacer les objets sur les ronds colorés correspondants.

Conseil : Pour les plus grands, cherchez des objets aux contours plus difficiles : règles, clés, moules…

Une maison-tartine

Plaisir de tous les sens

ÂGE : tous

TEMPS : 5 min

NOMBRE : individuel

MATÉRIEL :
- pain de mie ou pain d'épices en tranches
- beurre
- confiture rouge
- couteau à bout rond

Déroulement : L'enfant découpe un toit dans une tranche de pain • Il beurre sa tartine, étale la confiture à la place du toit, de la porte et de la fenêtre... et il déguste sa maison !

Le chat de la maison

ÂGE : tous

TEMPS : 10 min

NOMBRE : petit groupe

MATÉRIEL :
- le couvercle d'un pot de confiture
- un peu de bristol
- tranches de pain de mie ou de pain d'épices
- beurre
- petits bonbons
- réglisse en rouleau : découpez des fils

Déroulement : L'enfant trace un rond sur le bristol à l'aide du couvercle • Puis il enlève le couvercle et dessine deux triangles pour faire les oreilles du chat • Il découpe ce dessin • Il pose ce patron sur une tranche de pain • Il tient le papier d'une main, de l'autre il découpe le contour : c'est un peu difficile entre les oreilles, aidez-le ! • Il reste à tartiner de beurre cette tête de chat, à poser les bonbons pour les yeux, un triangle de croûte pour le nez, des fils de réglisse pour les moustaches.
Bon appétit !

PÂQUES

Mosaïque coquilles d'œufs

Patience et minutie

ÂGE : à partir de 4 ans

TEMPS : 20 min

NOMBRE : individuel ou groupe

MATÉRIEL :

- coquilles d'œufs vides (après avoir cassé les œufs pour utiliser l'intérieur, lavez les coquilles. Vous pouvez aussi récupérer les coquilles d'œufs à la coque)
- peinture
- colle
- papier blanc ou de couleur
- 1 crayon
- coupelles

Préparation : Peignez ou faites peindre les coquilles d'une couleur • Après séchage, cassez les coquilles sans les écraser en trop petits morceaux • Disposez les morceaux dans des coupelles différentes suivant les couleurs.

Déroulement : Demandez à l'enfant de dessiner un motif simple : une fleur, un bateau, un bonhomme… • Puis, montrez sur un dessin comment poser un peu de colle avant de placer les morceaux de coquilles de façon à remplir la surface.

Variante : Essayez cette technique sur un dessin déjà en couleur : collez des coquilles uniquement sur certaines surfaces : par exemple, dans un paysage : des coquilles rouges sur le toit d'une maison, vertes sur un arbre, jaunes sur un chemin. Ces collages rehaussent la création !

La poule de Pâques

ÂGE : 3 ans

TEMPS : 10 min

NOMBRE : individuel ou groupe

MATÉRIEL :
- 1 carton de jus de fruit (1 l.) à base carrée
- 1 feuille de bristol
- papier à dessin de couleur
- agrafeuse ou 2 attaches parisiennes
- gouache et pastels
- ciseaux
- gommettes blanches
- feutre noir

Préparation : Coupez les cartons à 10 cm du bas • Calquez les patrons de la p. 219 : tête, queue, ailes • Reportez-les sur le bristol • Découpez-les • À l'aide de ces gabarits, dessinez les contours sur du papier de couleur.

Déroulement : Demandez à l'enfant de peindre l'extérieur de la boîte en blanc de façon à cacher les textes • Après séchage, il peint la boîte de la couleur qu'il souhaite • Pendant le séchage, proposez-lui de choisir une tête, une queue, deux ailes parmi les gabarits que vous avez préparés • Il les découpe et colle deux gommettes blanches avec un point noir pour les yeux • Il rajoute, s'il le souhaite, des décors sur la boîte (gouache) ou sur les ailes, la tête ou la queue (pastels) • Coupez deux fentes dans la boîte pour y glisser la tête et les plumes de la queue • L'enfant colle les 2 ailes • Agrafez la bande de papier pour faire l'anse • Chiffonnez du papier de soie dans le panier en choisissant une couleur en harmonie.

Conseil : Le panier est prêt à recevoir les œufs !

Des œufs… et encore des œufs !

De la pâte à modeler qui se déguste !

ÂGE : tous

TEMPS : 15 min

NOMBRE : individuel ou groupe

INGRÉDIENTS :
pour une dizaine d'œufs
- 175 g de biscuits à la cuillère (1 paquet)
- 70 g de beurre mou
- 2 œufs
- 1 cuillerée à café (ou +) de cacao non sucré
- vermicelles sucrés colorés

MATÉRIEL :
- 1 grand récipient
- 1 bol
- 2 fourchettes
- 1 torchon (propre) ou 1 mixer

Fabrication :
Demandez à un enfant de battre les œufs, à un autre d'écraser les biscuits en les emballant dans un torchon et en appuyant dessus • Dans le grand récipient, faites mélanger les œufs, le beurre mou, les biscuits écrasés, le cacao de façon à obtenir une pâte épaisse • Si celle-ci est trop dure, ajoutez de l'eau • Faites durcir une heure au réfrigérateur • Ensuite, l'enfant prend une cuillerée de pâte, la roule en boule rapidement dans ses mains et lui donne une forme d'œuf • Il roule l'œuf dans une coupelle de vermicelles sucrés pour le décorer entièrement • Mettez au réfrigérateur.

Conseils : Présentez ces œufs sur un napperon de papier (découpé par l'enfant) ou dans des caissettes.

Poussins au plumage multicolore

ÂGE : 3-4 ans

TEMPS : 15 min

NOMBRE : individuel ou groupe

MATÉRIEL :
- papier à dessin épais
- pastels gras
- des plumes multicolores
- de la colle
- une pince à linge
- une ficelle de 2 ou 3 m.
- 2 punaises

Préparation : Dessinez une forme de poussin, ou reportez la forme (patron p. 218). Découpez-la.

Déroulement : L'enfant décore le poussin d'un côté : il utilise les pastels pour la tête, la queue et colle des plumes sur le corps • Collez la pince à linge sur la face non décorée du poussin • Punaisez les deux extrémités de la ficelle au mur • Accrochez-y les poussins grâce aux pinces à linge.

Variante : L'enfant décore le poussin sur les deux faces et colle des yeux mobiles.

Conseil : À suspendre près d'une fenêtre !

GRAND JEU
DANS
LA COUR
VACANCES !
1 2 3 4
5 6 7 8 9 10 11
12 13 14 15 16 17 18
19 20 21 22 23 24 25
26 27 28 29 30
CHOUETTE :
ON PRÉSENTE
NOS ARTICLES

AVRIL

LA NATURE

Un poisson volant

Poisson animé pour le 1er avril !

ÂGE : à partir de 4 ans

TEMPS : 15 min

NOMBRE : individuel ou groupe

MATÉRIEL :
- carton d'emballage pas trop épais
- peinture, pinceau, brosse
- petits papiers de couleur métallisés (papiers de bonbons ou autres…)
- 2 attaches parisiennes
- ficelle fine
- ciseaux

Préparation : Sur un papier, dessinez et découpez la forme d'un poisson et deux nageoires • Reportez ces formes sur le carton • Découpez-les • Préparez autant de poissons qu'il y a d'enfants.

Déroulement : L'enfant peint le poisson et les nageoires avec deux ou trois couleurs, par petites touches les unes à côté des autres • Il colle un rond de papier blanc pour l'œil et ajoute un point noir central • Après le séchage, il déchire des petits morceaux de papier métallisé • Il les colle sur le poisson.

Montage : Dans le haut des nageoires, faites deux trous et aussi deux trous dans le poisson • Fixez-les avec les attaches parisiennes • Puis faites passer et nouez une ficelle dans le trou supérieur des nageoires • Attachez une ficelle au milieu, tirez : les nageoires s'agitent • Retournez sur l'endroit, suspendez par une boucle de ficelle dans la bouche.

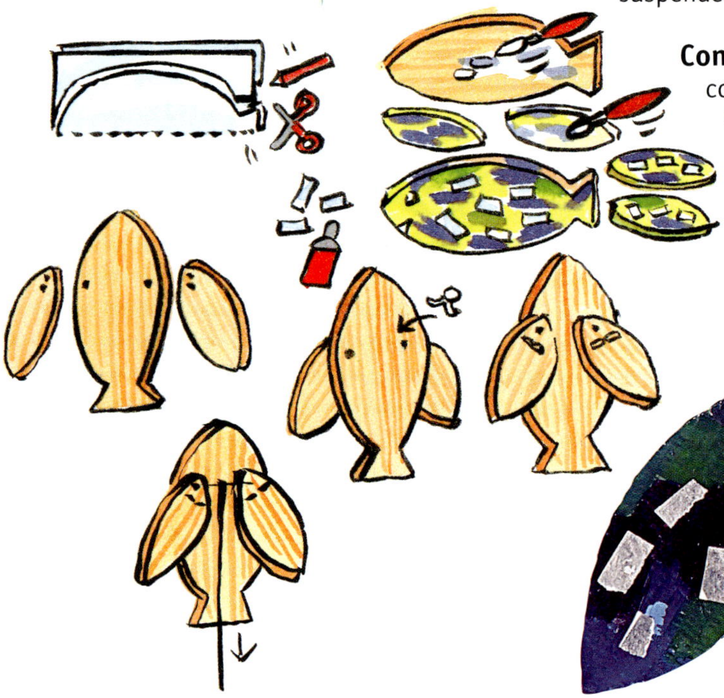

Conseil : Les petits peignent le poisson d'une couleur et réalisent un aplat de couleur. Fabriquer et monter le poisson permet pour les plus grands, d'appréhender le monde de la mécanique.

La course des escargots

Maîtrise du corps

ÂGE : tous

TEMPS : 10 min

NOMBRE : groupe

LIEU : intérieur ou extérieur

Préparation : Si vous êtes à l'extérieur, tracez deux lignes distantes de 15 m environ sinon utilisez les 2 murs opposés d'une salle • Tracez différentes lignes perpendiculaires pour créer des couloirs • Placez les enfants sur une ligne de départ.

Déroulement : Expliquez aux enfants qu'ils sont devenus des escargots. Quand les escargots font une course, le gagnant est celui qui arrive le dernier ! • Montrez-leur comment exécuter certains mouvements le plus lentement possible. Pour cela, décomposez-les :

- avancez en écartant les jambes ;
- mettez un pied devant l'autre (le bout du pied touche le talon de l'autre) ;
- marchez en levant les genoux ;
- étirez les bras vers le haut en avançant ;
- avancez en faisant des zigzags…

Conseil : Avant de faire la course, répétez tous ces mouvements ensemble. Ce type de course inhabituelle apprend à maîtriser son énergie, à gérer son impatience et à prendre conscience de certaines possibilités du corps.

Les serpents

Jeu à sauter

ÂGE : 3-4 ans

TEMPS : 10 min

NOMBRE : au moins 3

MATÉRIEL : 1 corde pour 3 enfants

Déroulement : Deux enfants tiennent l'extrémité d'une corde (le serpent) en la remuant par terre • Les joueurs doivent sauter par-dessus sans toucher le serpent • Le joueur qui touche le serpent est éliminé. Qui restera ?

Conseil : Changez les rôles des enfants. Ce jeu peut être repris par les enfants librement par la suite (en récréation par exemple).

Mon petit lapin

Jeu de groupe

ÂGE : 3-4 ans

TEMPS : 10 min

NOMBRE : petit groupe (5 enfants)

Ronde

Mon petit lapin a bien du chagrin
Il ne saute plus dans son p'tit jardin. (1)
Saute saute saute mon petit lapin,
Et dépêche toi d'embrasser quelqu'un,
Que tu aimes bien ! (2)

Déroulement : Les enfants chantent en faisant une ronde • Un enfant est assis au milieu : c'est le lapin, il est accroupi et triste • Au signal, les enfants s'arrêtent face au centre • Ils frappent dans leurs mains • Le lapin doit alors sauter • Le lapin réjoui embrasse un enfant de la ronde qui prend sa place • La ronde recommence.

Variante : Proposez différents sauts pour le lapin :
- sur 1 pied sur place
- sur 1 pied en avançant
- à pieds joints sur place, à reculons, en avançant...

Conseils : Pour les petits, pensez que la ronde n'est pas chose facile. Aussi, prévoyez des séances avec des farandoles pour les entraîner à se donner la main en avançant ensemble puis des petites rondes de 4 ou 5 enfants. Ensuite la grande ronde sera possible.

Le train des lapins

Rythme et sens des autres

ÂGE : 3-4 ans

TEMPS : 10 min

NOMBRE : groupe

MATÉRIEL :
- 1 cerceau par enfant
- 1 sifflet

Préparation : Disposez les cerceaux, se touchant, les uns à la suite des autres, sur une ligne ou deux (pour une ou deux équipes suivant le nombre de lapins) • Les enfants sont en file indienne derrière le premier cerceau.

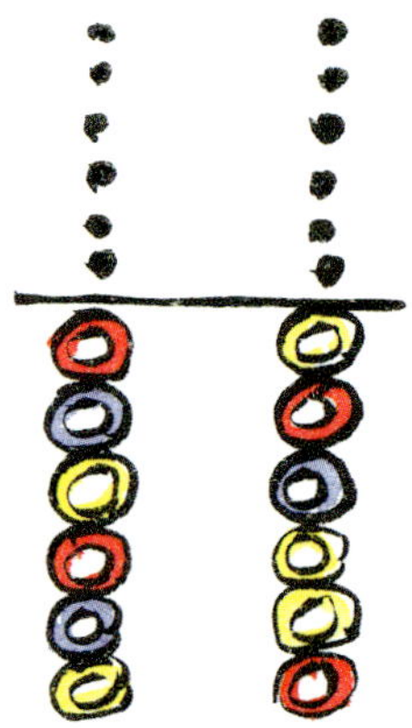

Déroulement : Les enfants sont des lapins sautant de terrier en terrier pour échapper au chasseur • Au coup de sifflet (le coup de feu), le premier lapin saute dans le premier cerceau, puis dans le deuxième • À ce moment, le deuxième lapin saute à son tour dans le premier cerceau puis dans le deuxième • Les enfants sautent ainsi d'un cerceau à l'autre toujours à pieds joints • Le dernier lapin dans le dernier cerceau se retourne et devient le premier lapin • Tous recommencent dans l'autre sens.

Conseil : Variez les différents sauts (voir la ronde « Mon petit lapin ») et la disposition des cerceaux.

Les animaux vont boire

Jeux avec le doudou

ÂGE : 3-4 ans

TEMPS : 15 min

NOMBRE : groupe

LIEU : salle

MATÉRIEL :
- chaque enfant a son doudou ou une peluche ou un chiffon
- 1 cerceau
- bancs

But : Marcher à 4 pattes avec son doudou sur le dos sans le faire tomber.

Déroulement : Expliquez : « Vous êtes des animaux de la ferme et vous emmenez vos petits boire à la fontaine ou à la mare. Vos petits sont sur votre dos, attention de ne pas les faire tomber. »

LES ANIMAUX TRAVERSENT LA COUR DE LA FERME

Le jeu : Les enfants sont derrière une ligne et doivent contourner (déterminez un sens) un cerceau (la mare) au bout de la salle, passer entre deux haies (entre deux bancs) et revenir. Ils doivent parfois attendre car tout le monde ne peut pas passer en même temps.

LES ANIMAUX VONT AU BOUT DU CHAMP

Course : Tracez deux lignes à 15 m d'intervalle • Les enfants sont sur la ligne de départ • Au signal, ils doivent atteindre la ligne d'en face et revenir à leur point de départ.

LES ANIMAUX SE PROMÈNENT

Pour les plus jeunes, le jeu est une promenade à quatre pattes où la seule consigne est de ne pas faire tomber son petit.

Conseil : Le doudou ou la peluche qui participe au jeu ravit et rassure l'enfant, surtout les plus timides.

Madame Cane et Monsieur Canard

Jeu de reconnaissance auditive

ÂGE : tous

TEMPS : 10 min

NOMBRE : groupe

LIEU : intérieur ou extérieur

MATÉRIEL : 2 foulards

Préparation : Prévoyez un emplacement délimité par des traits au sol ou des repères (cordes, plots...).

Déroulement : Le groupe est dispersé dans l'espace • Bandez les yeux de deux enfants : Monsieur Canard et Madame Cane • Leurs amis les éloignent l'un de l'autre • Monsieur Canard et Madame Cane doivent se retrouver grâce à leur cri • Une fois retrouvés, ils enlèvent les bandeaux pour les donner à un nouveau couple.

Variante : Choisissez un autre animal, un autre cri...

Combats de coqs

Jeu traditionnel

ÂGE : à partir de 4 ans

TEMPS : 10 min

NOMBRE : groupe

MATÉRIEL :
1 tapis pour 2 enfants

But : Déséquilibrer son adversaire.

Déroulement : Répartissez les enfants déchaussés deux par deux sur les tapis : ce sont les coqs prêts au combat • Accroupis, ils doivent faire tomber leur adversaire, en se poussant paumes contre paumes • Demandez à deux enfants de faire une démonstration • Arrêtez les combats toutes les 30 ou 40 secondes.

Conseils : Rappelez aux enfants que l'on ne peut pas pousser l'autre autrement qu'avec ses paumes afin de ne pas se faire mal. Veillez à équilibrer les « gabarits » des combattants. Grâce à ce jeu, les enfants utilisent force, agilité et équilibre.

Les coccinelles

Jeu pour apprendre à compter

ÂGE: 3-4 ans

TEMPS: 10 min

NOMBRE: de 2 à 6 joueurs

MATÉRIEL:
- 6 carrés de carton de 20 cm de côté
- gouache: noir et blanc
- 15 coquilles de noix ou 10 boutons

But: Remplir sa coccinelle le premier.

Préparation: Tracez un rond dans les carrés de carton • Peignez-les en rouge • Après séchage, peignez les points noirs et la tête • Facultatif: peignez les coquilles de noix en noir.

Jeu: Chaque enfant a une coccinelle • On jette le dé pour savoir qui joue le premier • L'enfant prend autant de coquilles qu'il y a de points sur le dé et les place sur son jeu • Le premier qui a rempli sa coccinelle a gagné.

Remarque: Ce jeu permet aux enfants de s'entraîner à dire la comptine numérique (1,2,3,4), à repérer une petite quantité, à faire la correspondance entre le mot nombre (par exemple trois), le nombre de points sur le dé (constellation du 3) et le nombre de pions à prendre (3 pions).

Petits pains hérissons

ÂGE: tous

TEMPS: 20 min

NOMBRE: individuel ou groupe

INGRÉDIENTS:
pour 4 pains hérissons
- 200 g de farine
- 1 cuillère à café d'huile
- 1/2 verre d'eau tiède
- 1 pincée de sel
- 1 pincée de levure chimique
- 1 jaune d'œuf
- des raisins secs

MATÉRIEL:
- 1 saladier
- 1 cuillère en bois
- 1 plaque de four
- 1 pinceau pour la cuisine

Fabrication: Demandez à l'enfant de mélanger dans le saladier la farine, la levure, l'huile, le sel, l'eau jusqu'à ce que la pâte soit lisse • Puis il pétrit à la main cette pâte sur un plan de travail fariné, pendant 5 min • Il saupoudre de farine la plaque du four • Il partage la pâte en 4 morceaux: il en fait 4 boules allongées qu'il pose sur la plaque • Il pince le dos: ce sont les piquants, il enfonce 2 raisins secs: ce sont les yeux et étire le museau • Il badigeonne les 4 hérissons de jaunes d'œuf • Enfournez ces pains une demi-heure à four déjà chaud (th.8).

Le petit arbre

ÂGE : tous

TEMPS : 5 min

NOMBRE : groupe

Comptine à mimer

« Je suis un petit arbre »

L'enfant est debout, bras ballants, pieds joints.

« Mes branches s'élèvent »

Il lève les bras à l'oblique.

« Mes bourgeons font clip ! clop ! »

Bras levés et inclinés d'un même côté, les mains s'ouvrent et se ferment.

« Clip, clop ! »

Pareil, mais les bras en l'air.

« Clip, clop ! »

Pareil, les bras inclinés de l'autre côté.

« Mes fleurs s'envolent »

Bras inclinés à gauche et à droite, les poignets tournent, les mains sont souples.

« Le vent me fait bouger »

Les bras bougent souplement dans tous les sens.

« Je suis un petit arbre »

L'enfant reprend la pose du début en inspirant et expirant 3 fois.

Observation d'un bourgeon

Premières démarches scientifiques

ÂGE : à partir de 4 ans

TEMPS : 10 min

NOMBRE : groupe ou petit groupe

MATÉRIEL :
- des branches de marronnier
- 1 feuille A4 blanche
- des crayons de couleur

Déroulement : Présentez une branche de marronnier avec des bourgeons • Demandez aux enfants ce qu'ils voient : des boutons, des petites bosses, un bâton… Précisez le vocabulaire : un bourgeon, une branche, le marronnier • Puis par petits groupes de 4 ou 5 enfants, ils dessinent ce qu'ils ont observé, sur la feuille blanche aux crayons de couleur • Datez et recommencez l'observation tous les 3 jours en demandant à chaque fois ce qui va se passer • Notez les hypothèses des enfants, puis comparez avec les résultats des observations.

Conseils : Pour les plus jeunes, faites des petites étiquettes (un bourgeon, une branche, le marronnier) que les enfants colleront au bon endroit. Les plus grands écriront ces mots avec un modèle.

Ce type d'observation permet aux enfants de s'inscrire dans une démarche scientifique car vous les incitez à se poser des questions et en comparant avec le réel, vous leur permettez de vérifier des hypothèses.

Le tableau de printemps

Mélange de couleurs

ÂGE : tous

TEMPS : 25 min

NOMBRE : groupe

MATÉRIEL :
- 1 feuille de papier à dessin par enfant
- peinture jaune, bleue, rouge, blanche
- petites éponges
- assiettes en carton
- des bouchons

Préparation : Pour chaque enfant, préparez deux assiettes, l'une avec du jaune et du bleu ; l'autre avec du blanc, du rouge, du jaune, du bleu.

Déroulement : Le fond : proposez de peindre l'herbe verte du printemps. Pour cela, l'enfant dispose d'une éponge, de peinture jaune et bleue.
Les fleurs : une fois le fond séché, l'enfant peint les fleurs à l'aide de bouchons : un rond pour le cœur, des ronds pour les pétales tout autour. Il pourra faire des mélanges pour obtenir du rose, de l'orange, du violet.

Conseil : Prévoyez soit un tableau individuel soit un tableau de plus grand format pour une réalisation collective.

Jeu des fleurs et des papillons

ÂGE : 3-4 ans

TEMPS : 20 min

NOMBRE : groupe

LIEU : salle de sport

MATÉRIEL :
- 1 foulard ou 1 grand tissu par enfant
- musique « printanière »

LES PAPILLONS

Déroulement : Dans un premier temps, tous les enfants sont « papillons » • Expliquez : « Vous êtes des papillons et vous volez dans la campagne » • L'enfant passe son foulard dans le dos, en tenant deux coins dans ses mains • Il sautille et bat des ailes • Au signal, le groupe suit un meneur : il s'incline à gauche, à droite, sautille, s'arrête... et pour s'arrêter il s'assoit en tailleur, s'enferme dans ses ailes et ferme les yeux.

ÂGE : 3-4 ans

TEMPS : 20 min

NOMBRE : groupe (nombre pair)

MATÉRIEL :
- 1 foulard ou 1 grand tissu par enfant papillon
- 1 clochette par enfant fleur
- musique « printanière »

LES FLEURS ET LES PAPILLONS

Déroulement : Des enfant sont « papillons » et d'autres sont « fleurs » • Les papillons se déplacent librement dans la salle • Les fleurs sont en cercle, les pieds sont joints et ne doivent pas quitter le sol. Tout le reste du corps bouge : mains, bras, hanches... Chacun agite sa clochette • Au signal, les papillons doivent se poser près d'une fleur et les fleurs doivent arrêter de bouger (le vent s'est arrêté) • Puis le jeu reprend • Au bout de 5 min environ, changez les rôles.

Conseils : Changez la consigne :
- Les papillons doivent s'asseoir devant la fleur, puis derrière.
- Deux papillons partagent la même fleur pendant que certaines fleurs dorment (bras refermés)...

Changez de disposition : les fleurs sont dispersées dans la salle.

Ce jeu aborde des notions de spatialisation (devant, derrière, à côté) et permet aux jeunes enfants de les découvrir dans un espace connu.

Collection de papillons

Jouer sur le motif

ÂGE : tous

TEMPS : 10 min

NOMBRE : groupe de 3 ou 4 enfants

LIEU : intérieur

MATÉRIEL :
- 1 feuille blanche A4 par papillon (1 ou plusieurs par enfant)
- 1 grand carton plat
- 1 feuille de bristol A4
- peinture
- ciseaux, colle

Préparation : Pliez une feuille A4 en deux, dessinez-y une demi forme de papillon (ou reprenez la forme du patron p. 218) • Découpez la forme, reportez-la sur un bristol et découpez-la : elle vous servira de gabarit pendant l'activité.

Déroulement : Faites faire des taches de peinture au centre de la feuille A4 • L'enfant doit plier la feuille en 2, appuyer puis déplier • À quoi cela lui fait-il penser ? Parmi les nombreuses réponses que vous recevrez il y aura certainement « un papillon » • Quand la peinture est sèche, au dos du dessin plié en deux, tracez le contour d'un demi papillon en vous aidant du gabarit.

Montage : Avec les enfants, disposez les papillons sur un grand carton plat, collez-les seulement sous le centre et une partie des ailes, laissez les extrémités libres.

Conseil : Après la séance, regardez un livre sur les papillons…

LA PRESSE

Comptine

Ploum! Ploum
Un petit singe
Lavait son linge
Dans un encrier
Un buvard pour sécher
Ploum!

Jeu des titres

Une approche simple de l'imprimé

ÂGE: 3-4 ans

TEMPS: 10 min

NOMBRE: groupe

MATÉRIEL:
- 1 dizaine de journaux d'enfants
- bandes de carton

Préparation: Photocopiez les titres en couleur si possible • Collez-les sur les cartons • Plastifiez-les (ou recouvrez d'adhésif transparent).

Le jeu: Disposez les plaquettes-titres sur une table et à côté les journaux correspondants • Demandez aux enfants de retrouver titres et journaux.

Conseil: Présentez le jeu au groupe, puis les enfants y joueront deux par deux. Prévoyez un rangement pour ce matériel.

Remarque: L'enfant commence dès l'âge de 4 ans à repérer des indices de lecture: reconnaître la première lettre de son prénom, différencier texte et image, identifier des typographies de la vie quotidienne (les étiquettes alimentaires, par exemple).

Ce jeu lui apprend à repérer et à comparer des mots qu'il a l'habitude de voir. Il acquiert ainsi également une compétence essentielle pour entrer dans le monde de la lecture: faire des hypothèses sur un texte.

Les feuilles de sport

Un journal, plusieurs jeux !

ÂGE : 3-4 ans

TEMPS : 10 min

NOMBRE : groupe ou individuel

MATÉRIEL :
1 feuille de journal par enfant

Se familiariser de manière ludique à l'objet « journal ».
Doucement, entrer dans le monde des lettres.

JEU DE RÔLE

Déroulement : Chaque enfant reçoit une feuille de papier journal et doit trouver un geste, un mouvement à faire avec ce journal. « Attention : on ne le déchire pas ! » • Les enfants cherchent librement • À votre signal, ils s'arrêtent et s'assoient • Demandez à quelques-uns de montrer leurs idées • Tous reprennent.

Conseil : Relancez l'activité en proposant d'autres idées : par exemple se déguiser : une jupe, un chapeau, une cape...

LES PIERRES BRÛLANTES

Déroulement : Disposez les feuilles par terre sans qu'elles se touchent : ce sont les pierres brûlantes • Dites à l'enfant qu'il doit marcher entre les feuilles, parfois sauter par-dessus mais surtout qu'il doit éviter de marcher dessus : ce sont des pierres brûlantes !

LES BRANCHES DE LA RIVIÈRE

Déroulement : Espacez les feuilles (d'un pas d'enfant environ) • Dites à l'enfant de marcher sur les feuilles qui sont des branches, sinon il tombe à l'eau !

Ici : la classe !

Un numéro exceptionnel !

ÂGE : tous

TEMPS : 10 min

NOMBRE : groupe

MATÉRIEL :
- des journaux
- un crayon
- des feutres noirs
- des feuilles A3

Préparation : Examinez quelques journaux avec les enfants : faites-leur remarquer différentes rubriques • Proposez-leur de réaliser à leur tour un journal de leur classe • Cherchez ensemble un titre : le nom de la marionnette, de l'animal de la classe, ou autre... On choisit le préféré du plus grand nombre • Prévoyez une rubrique avec un ou deux reportages :
un événement de la classe : Mme cochon d'inde a eu des petits, un anniversaire, un spectacle...
une sortie : l'aquarium tropical, le cinéma...
une visite : le papa d'Alexandre est venu jouer de la guitare...

Demandez des volontaires pour raconter l'événement, sous forme de dictée à l'adulte • Peut-être y aura-t-il des dessins • Proposez d'autres rubriques : contes, poésies, coloriages, jeux, devinettes, cuisine, questions-réponses...

Montage : Quand tous les éléments sont réunis, on propose des titres pour les rubriques • On cherche une mise en page sur des feuilles A3 • On découpe, on colle, on rajoute un dessin • On photocopie le tout.

Conseils : Il est important que chaque enfant ait un exemplaire. Prévoyez-en aussi pour les adultes de l'école, les visiteurs et la classe voisine. Cette activité demande plusieurs séances mais la réalisation ne doit pas dépasser une semaine pour les plus jeunes. Avec les grands, pensez aux correspondants s'il y en a : c'est une bonne occasion de présenter ce qui est réalisé en classe !

Calligrammes

Jeu de signes

ÂGE : à partir de 4 ans

TEMPS : 10 min

NOMBRE : individuel

MATÉRIEL :
- des journaux : quotidiens
- 1 feuille de papier kraft par enfant (A4)
- 1 crayon de papier
- colle, ciseaux

Déroulement : L'enfant trace un trait horizontal dans le bas de la feuille (pour son prénom) • Au-dessus, il dessine au crayon à papier la forme simple d'un arbre : tronc, feuillage • Faites observer les gros titres dans les journaux apportés • L'enfant découpe des lettres parmi les gros titres en choisissant les lettres de son prénom • Il dispose ces lettres en désordre sur les traits de l'arbre et les colle • Dans le bas de sa feuille, il signe en collant les lettres de son prénom dans l'ordre.

Conseil : Les plus jeunes utiliseront toutes les lettres trouvées.

Variante : L'enfant colle des lettres sur d'autres formes : maison, fleur, bonhomme...

Presse-papiers

Jeu graphique

ÂGE : tous

TEMPS : 15 min

NOMBRE : individuel

MATÉRIEL :
- journaux noir et blanc
- 1 feuille de papier à dessin (50 x 32,5 cm)
- colle, ciseaux
- gros feutre noir
- peinture

But : Réaliser un tableau à partir de papier journal.

Déroulement : Déchirez de grands morceaux de papier journal • Disposez-les sur la feuille, ils peuvent se chevaucher • Laissez du « blanc » (des emplacements vides) • Quand cela vous plaît, collez les papiers • Laissez sécher • Avec un feutre noir, repassez les contours • Choisissez une couleur, peignez les espaces vides.

Remarque : Les enfants trouveront facilement les contours extérieurs mais ils auront besoin parfois de votre aide pour retrouver les contours à l'intérieur de la forme (morceaux qui se chevauchent).

Le marchand de journaux

Rapidité

ÂGE : 3-4 ans

TEMPS : 15 min

NOMBRE : 1 nombre pair de joueurs

LIEU : intérieur ou extérieur

MATÉRIEL :
- autant de journaux que de joueurs
- 3 cartons ou 3 paniers

Le but : Chaque équipe doit livrer ses journaux au marchand le plus vite possible.

Préparation : Les enfants se mettent en rond en se tenant par la main, les bras tendus • Ils lâchent les mains et reculent de 5 pas • Ils font une marque à cet emplacement : une croix dans la terre, un pull, un tas de cailloux • Au centre se trouvent le marchand (vous) et un carton ou un panier vide • Tracez un trait au milieu du cercle : il y aura autant de joueurs des 2 côtés : donnez-leur un numéro • Derrière le joueur n° 1 de chaque équipe, vous aurez placé un carton avec les journaux à livrer.

Déroulement : Au signal, le joueur n° 1 prend un journal, court le porter au n° 2, prend sa place ; le n° 2 court porter le journal au n° 3, prend sa place ; le n° 3... au n° 4, etc. • Quand le dernier joueur de l'équipe a le journal, il le pose dans le panier central puis va chercher un autre journal dans la caisse de son équipe, le porte au n° 2, prend sa place, le n° 2 le porte au n° 3, etc. • Le dernier joueur dépose le deuxième journal dans le panier central, va en chercher un autre et ainsi de suite • Au fur et à mesure de la partie, les joueurs se décalent • Quand le dernier journal d'une équipe est livré, cette équipe a gagné !

Remarque : Un jeu de coopération et de compétition pour les plus grands ! Pour les petits, simplifiez ce jeu : constituez 2 équipes avec un même nombre de joueurs. Les enfants, disposés en deux lignes parallèles, devront se passer les journaux, un par un, de mains en mains jusqu'au panier de leur équipe.

Des croqu'lettres

Pour les gourmands !

ÂGE : tous

TEMPS : 15 min

NOMBRE : individuel ou groupe

INGRÉDIENTS :
- pâte brisée, surgelée ou à faire : 200 g de farine, 100 g de beurre, sel et un peu d'eau. La pâte doit être souple et pas collante : travaillez-la sur une planche farinée.
- glaçage : sucre glace, un peu d'eau
- des petits bonbons pour le décor (vermicelles multicolores ou au chocolat, fils sucrés, confettis sucrés…)
- 1 couteau à bout rond par enfant

But : Réaliser l'initiale de son prénom en gâteau.

Réalisation : L'enfant doit disposer des bandes de pâte afin d'obtenir une lettre de 8 cm. (Astuce : montrez-lui la mesure sur sa main à partir de l'extrémité du majeur jusqu'à sa paume) • À l'aide d'un couteau et d'un peu d'eau, il colle les éléments • Faites cuire les lettres au four sur une plaque recouverte de papier sulfurisé : 10 à 15 min à th.5.

Décoration : Faites ensemble un glaçage : environ 3 cuillerées à soupe de sucre et quelques gouttes d'eau pour une lettre • L'enfant étale et décore son initiale de petits bonbons.

Conseil : Avant la dégustation, il est intéressant d'exposer toutes les lettres et d'observer ce qu'ont fait les autres ! Les enfants peuvent aussi réaliser un alphabet entier et le garder en mémoire en le prenant en photo !

MARCHÉ
DEMANDER CAGEOTS
1 2
3 4 5 6 7 8 9
10 11 12 13 14 15 16
17 18 19 20 21 22 23
24 25 26 27 28 29 30
31
ON FÊTE MAMAN

MAI

LE MARCHÉ

Le marché du cochon d'Inde

Une sortie au marché du quartier !

ÂGE : à partir de 4 ans

TEMPS : 15 min

NOMBRE : petits groupes de 5 enfants

MATÉRIEL :
- 1 feuille A4
- 1 stylo par groupe à donner à l'adulte et une feuille

But : Une visite au marché du quartier, pour varier l'alimentation de Pirouette le cochon d'Inde des enfants.

Déroulement : Répartissez le groupe en petites équipes de 4 ou 5 enfants accompagnés d'un adulte • Annoncez : « Pirouette est un gourmand. Proposons-lui de nouveaux aliments. Pour cela, allons au marché. Chaque groupe rapportera un légume ou un fruit différent : une endive, une pomme, un poireau… Profitez-en pour regarder et nommer ce que vous connaissez : poisson, fromage, fruit, légume, pain… Demandez aux marchands le nom de ceux que vous ne connaissez pas. » • Les accompagnateurs notent les remarques, questions et réponses • De retour, on fait goûter à Pirouette quelques aliments (pas tout d'un coup !) • On note et dessine ce que l'animal aime et ce qu'il n'aime pas pour en faire un panneau à afficher à côté de sa cage.

Remarque : Une sortie au marché est très motivante pour les enfants. Grâce au questionnaire, ils ont un but précis ; ce qui évite éparpillement et dispute. Les marchands sont généralement très accueillants ! Le prétexte du marché pour l'animal de compagnie offre à l'enfant une grande ouverture sur son environnement.

Pêche Pomme Poire

Comptine pour désigner

Pêche, pomme, poire, abricot,
Y'en a une, y'en a une,
Pêche, pomme, poire, abricot,
Y'en a une de trop !
C'est toi !

Conseil : Petite comptine pour désigner un enfant pour un jeu de chat par exemple. À apprendre pour jouer tout seuls ensuite !

Dans mon panier il y a...

Jeu de langue

ÂGE : à partir de 4 ans

TEMPS : 5 min

NOMBRE : groupe

MATÉRIEL :
1 petit panier

Déroulement : Faites répéter cette phrase : « J'ai mis dans mon panier » • Chaque enfant, à tour de rôle, doit « aller chercher dans sa tête » un mot qui commence par « pa » comme « panier » pour compléter la phrase : « J'ai mis dans mon panier un pa... rapluie » • Si l'enfant ne peut répondre il répète la phrase précédente • Continuez en changeant de syllabe : « J'ai mis dans mon carton un ca... ».

Conseil : Avec les plus grands, variez la place de la syllabe, proposez un mot qui se termine par le même son : ette, i, al.

Légumes-aluminium

Jeu de formes

ÂGE : tous

TEMPS : 10 min

NOMBRE : petit groupe (5 enfants)

MATÉRIEL :
- des légumes différents pas fragiles : poivron, carotte, pomme de terre, poireau, navet, chou, concombre, radis...
- papier d'aluminium

Déroulement : Montrez les légumes aux enfants • Demandez-leur de les nommer, aidez-les si nécessaire • Donnez un morceau de papier d'aluminium aux enfants qui emballent soigneusement les légumes en suivant bien les formes • Puis présentez à nouveau ces légumes et demandez-leur de les retrouver d'après leurs formes...

Variantes : Pour les plus jeunes, commencez avec 5 légumes. Avec les plus grands, présentez les légumes déjà emballés et laissez-les deviner.

Fruits et légumes de papier

Jeu de reconnaissance des couleurs

ÂGE : 3-4 ans

TEMPS : 15 min

NOMBRE : petit groupe de 4 ou 5

MATÉRIEL :
- papier recyclé si possible sinon papier kraft
- revues, catalogues, avec des photos en couleur
- 1 crayon
- colle, ciseaux
- fruits, légumes (voir + haut)

Préparation : Tracez et découpez des carrés de 50 cm de côté dans le papier recyclé • Dessinez le contour de fruits ou de légumes très simples.

Déroulement : Les dessins manquent de couleurs ! Pour remédier à cela, il faut les mettre en couleur grâce à des petits morceaux de papier déchiré : du jaune pour la banane, du rouge pour la tomate, etc. et du noir pour faire le contour de ces fruits et légumes • Tout le monde découpe ou déchire ces morceaux de couleur dans les journaux et les trie par couleur • Donnez à chaque petit groupe de trois ou quatre enfants un légume ou un fruit dessiné • Les enfants doivent coller des petits morceaux de papier noir le long des traits • Puis des morceaux de papier de la couleur du fruit ou du légume. Les morceaux de papier se chevauchent : on ne voit plus la feuille blanche • Les participants signent et datent l'œuvre • Exposez ces panneaux.

Remarque : Cet exercice permet de reconnaître, nommer et trier.

Carrés de cageots

Nouveau matériau

ÂGE : 3-4 ans

TEMPS : 15 min

NOMBRE : groupe ou individuel

MATÉRIEL :
- récupérez des cageots (sur le marché !)
- encre de chine + pinceau fin
- gouache + pinceau brosse
- ficelle ou raphia
- 1 crayon par enfant

Préparation : Demandez à un bricoleur (si vous ne pouvez pas le faire vous-même) de tailler des carrés de 12 x 12 cm dans le bois des cageots • Percez deux trous dans le haut avec une vrille.

Déroulement : L'enfant choisit un légume ou un fruit qu'il a vu au marché ou qu'il a devant les yeux • Il en dessine le contour au crayon sur le carré de cageot • Il peint le motif d'une couleur et le fond d'une autre • Après séchage, il cerne le dessin à l'encre de chine • Passez une ficelle dans les 2 trous du haut pour suspendre ce « carré de cageot ».

Conseils : Pour donner plus d'éclat, passez une couche de vernis à gouache. L'enfant peut emporter chez lui son carré.
En groupe, exposez les carrés serrés les uns contre les autres comme un carrelage.

Confettis d'étiquettes

Une drôle de collection

ÂGE : 3-4 ans

TEMPS : 10 min

NOMBRE : petit groupe ou individuel

MATÉRIEL :
- Demandez aux enfants de récupérer les étiquettes collées sur les fruits et légumes : ils peuvent les apporter collées sur un plastique.
- papier blanc A4 ou A3
- 1 crayon

Déroulement : Dessinez ou faites dessiner une forme simple : une maison, un arbre, un bateau... • Demandez à l'enfant ou à un petit groupe de remplir la forme avec les étiquettes • S'il y a beaucoup d'étiquettes, l'enfant les collera tout autour comme un cadre.

Remarque : Une utilisation originale d'une imagerie courante.

Jeu de l'oie du marché

Fabriquer son jeu de société

ÂGE : à partir de 4 ans

TEMPS : 15 min

NOMBRE : groupe

MATÉRIEL :
- papier bristol 2 x A3
- feutres noir et de couleur
- crayon à papier
- colle

Pour le jeu :
- 1 dé
- 1 pion par joueur (ou 1 bouton…)

Préparation : Dans le bristol, tracez et découpez des cartes de 6 x 6 cm et faites un trait à 1 cm du bas.

Déroulement : De retour du marché (ou du supermarché), demandez aux enfants d'énumérer les aliments dont ils se souviennent • Notez-les : légumes, fruits, mais aussi poisson, viande, pâtisserie, etc., sauf les aliments en conserves ou en boîtes • Chaque enfant choisit un aliment et le dessine sur sa carte, écrivez le nom en bas de la carte • Demandez à quatre enfants de dessiner 2 intrus (un ver, un escargot) et deux paniers. On choisit ensemble 23 cartes.

Montage : Sur l'autre feuille A3, disposez les cartes en escargot comme un jeu de l'oie • Placez des intrus de temps en temps • Prévoyez aussi une carte « Départ » et une carte « Arrivée » • Quand l'ensemble est satisfaisant, collez les cartes.

Jeu : Comme pour le jeu de l'oie, on lance le dé et on avance selon le nombre indiqué par le dé. Si l'on tombe sur un panier on rejoue, si l'on tombe sur un intrus on passe son tour. Le premier arrivé arrête le jeu, le gagnant est celui qui a le plus grand nombre de cartes.

Variante : Les enfants peuvent découper les photos des aliments dans des journaux publicitaires et les coller sur les cartes.

La course aux légumes

Jeu de rapidité

ÂGE : à partir de 4 ans

TEMPS : 15 min

NOMBRE : groupe

MATÉRIEL :
- des légumes en plastique (ceux du coin cuisine) 2 ou 3 fois le nombre d'enfants
- autant de casseroles que d'équipes
- 1 cageot ou 1 panier

But : Rapporter le plus de légumes possible pour la soupe de son équipe.

Déroulement : Faites des équipes de 4 ou 5 enfants • Les équipes sont en file indienne à égale distance d'un cageot contenant les légumes • À votre signal, le premier enfant de chaque équipe court chercher un légume dans le cageot, le rapporte, le jette dans la casserole de son équipe et se place à la fin de la file • Le deuxième joueur court à son tour chercher un légume et ainsi pour tous les joueurs tant qu'il y a des légumes • On compte le nombre de légumes par équipe : celle qui en a le plus a gagné.

Variante : Un légume précis peut être attribué à chaque enfant qui doit donc le choisir parmi les autres. Cela rend le jeu un peu plus difficile et un peu plus long.

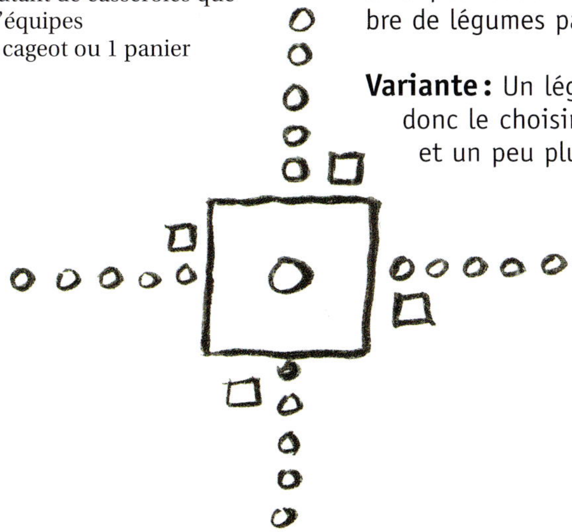

Les tomates cerises

Plantation gourmande !

ÂGE : tous

TEMPS : 10 min

NOMBRE : individuel ou groupe

MATÉRIEL :
- 1 pot de fleur par enfant (9 cm de diamètre)
- terreau + petits cailloux
- 1 pousse de tomate cerise par enfant
- peinture

Préparation : Chaque enfant décore son pot de fleur • Il dépose des cailloux au fond de son pot (pour permettre l'évacuation de l'eau) • Il le remplit à moitié de terre et plante une pousse de tomate cerise • Il arrose copieusement • Chaque enfant place sa plante au soleil • Des fleurs apparaîtront, puis des petites billes vertes et enfin les tomates cerises ! Comptez un bon mois.

Conseils : Prévoyez des tuteurs pour soutenir la plante. Quand celle-ci se divise en deux, coupez une des tiges pour la renforcer. Bonne cueillette ! Un cadeau gourmand à offrir !

Le chou rouge de toutes les couleurs !

Premières expériences de chimiste

ÂGE : à partir de 4 ans

TEMPS : 10 min

NOMBRE : individuel ou groupe

MATÉRIEL :
- 1 grand pichet transparent
- 3 pots de confiture vides
- 1 morceau de chou rouge
- du citron
- du liquide vaisselle
- de l'eau chaude (prévoyez 1 bouilloire électrique)
- 1 couteau

Préparation : Coupez le chou rouge en lanières (avec les enfants) • Mettez-le dans le pichet et versez de l'eau chaude dessus • Attendez quelques minutes.

Déroulement : Présentez le liquide aux enfants et versez-le dans trois pots de confiture. « Voici le jus de chou rouge. Nous allons faire une expérience. Dans un pot, on va ajouter du jus de citron et dans l'autre du liquide vaisselle. À votre avis que va-t-il se passer ? » • Notez les réponses des enfants • Un enfant presse le citron dans un pot : le jus devient rouge ! • Un autre verse du produit à vaisselle dans l'autre pot : le jus devient vert !

Remarque : Une expérience facile et peu coûteuse pour apprendre à se poser des questions et découvrir des phénomènes chimiques simples.

Pièce montée de crudités

Pour un apéritif de fête

ÂGE : tous

TEMPS : 20 min

NOMBRE : individuel ou groupe

MATÉRIEL :
- 1 plat ou 1 plateau rond
- des piques apéritif

INGRÉDIENTS :
- 1 chou blanc ou 1 chou rouge
- 1 concombre
- crudités : 1 botte de radis, 3 carottes, 1 tomate, des tomates cerises, 1 branche de céleri
- fromage cuit
- saucisson
- olives, cornichons, persil, feuilles de salade

Préparation : Coupez la base du chou • Coupez le concombre en trois • Fixez 1/3 de concombre sur le chou avec des piques apéritif • Lavez et épluchez carottes, radis, céleri • Coupez-les en rondelles ou en tronçons • Montrez à l'enfant comment choisir et piquer 2 ou 3 ingrédients en fonction des couleurs • Il prépare ainsi plusieurs fleurs • Enroulées avec une lanière de salade et une de carotte ou une peau de tomate, ce sont des mini-sushis !

Conseil : Prévoyez un apéritif d'enfants : jus de fruits et glaçons.

LA FAMILLE

Tous parents

Bonjour ma cousine

Danse

ÂGE : à partir de 4 ans

TEMPS : 10 min

NOMBRE : groupe

« Bonjour ma cousine,
Bonjour mon cousin germain, (1)
On m'a dit que vous m'aimiez,
Est-ce bien la vérité ? (2)
Je ne m'en soucie guère,
J'ai autre chose à faire, (3)
Passez par ici et moi par là, (4)
Au revoir ma cousine on s'reverra ! » (5)

Déroulement : Les enfants chantent la chanson deux par deux, l'un en face de l'autre • Ils se serrent la main (1) • Ils miment la main sur le cœur (2) • Ils font non de la tête, les mains sur les hanches (3) • Ils échangent leur place (4) • Ils se disent au revoir avec les mains (5).

Variante : Sur (4) les enfants passent sous le bras de l'un de l'autre.

Remarque : Pour commencer à danser ensemble…

Mon arbre généalogique

Découvrir son identité

ÂGE : à partir de 4 ans

TEMPS : 20 min

NOMBRE : individuel

MATÉRIEL :
- carton plat : 1 carré de 35 cm de côté
- papier beige clair
- papier blanc
- 1 feutre noir

Préparation : Tracez et découpez un rectangle de papier de 9 x 7 cm (gabarit) • Sur le carton, tracez légèrement le milieu et 2 obliques • Posez le gabarit là où sera la tête de l'enfant, faites un trait autour • De même, tracez l'emplacement des parents et des grands-parents • Dans le papier beige, découpez des rectangles de 8 x 5 cm (7 par enfant minimum).

Déroulement : Expliquez à l'enfant ce qu'est un arbre généalogique, ce que l'on y voit…

Les têtes : Sur les rectangles beiges, il dessine avec les crayons fusain, sanguine et sépia, ses parents et grands-parents ou les imagine s'il ne les connaît pas • Il écrit leurs nom et prénom en dessous (aidez-le).

Les cadres : Sur un papier blanc, il fait un décor de bruine : la brosse à dents imbibée de peinture, frottée sur le peigne, éclabousse de petits points la

- 1 crayon noir
- 3 crayons : sanguine, fusain et sépia
- peinture
- 1 vieille brosse à dents
- 1 vieux peigne ou 1 grille fine
- colle, ciseaux

feuille de papier • Découpez dans le décor séché, des rectangles de 9 x 7 cm • Collez les portraits au milieu de ces rectangles décorés et ceux-ci sur le carton aux emplacements prévus • Cernez-les d'un trait de feutre noir.

Remarques : Aborder l'arbre généalogique avec de jeunes enfants est important pour leur préciser qui est la maman ou le papa de qui (connaître sa filiation), savoir que l'on a tous eu une maman et un papa avant de naître (quelques notions de sexualité).
Certaines situations familiales sont compliquées pour l'enfant : ce sera peut-être l'occasion d'en parler.

La famille des objets

Distinguer selon des critères

ÂGE : à partir de 4 ans

TEMPS : 15 min

NOMBRE : groupe de 5 ou 6 enfants

MATÉRIEL :
- des magazines avec des photos d'objets de toutes sortes
- 1 feuille A4 par enfant
- du carton mince
- colle, ciseaux

Préparation : Découpez des carrés de carton 10 x 10 cm.

Déroulement : Proposez : « Voici des magazines avec des photos d'objets. Vous allez fabriquer des cartes pour faire un jeu de 7 familles d'objets. » • L'enfant choisit une famille d'objets, par exemple les chaises • Il cherche 6 chaises différentes : suivant la taille, la forme, la couleur, les matières… il doit trouver la chaise qui correspond le mieux à l'un ou à l'autre membre de la famille (un grand-père, une grand-mère, un papa, une maman, un fils et une fille) • Il découpe les 6 chaises • Il les colle sur six cartes • Écrivez en dessous (ou les plus grands écrivent) le nom correspondant : le fils, la grand-mère…

Le jeu : Les cartes sont distribuées entre les joueurs (de 2 à 6 joueurs), et chacun doit constituer le plus de familles entières possible (les tables, les lits, les sacs, les vêtements, les chaises, les voitures…)

Conseils : Pensez à plastifier les cartes pour qu'elles soient plus solides.

La chandelle

ÂGE : 3-4 ans

TEMPS : 10 min

NOMBRE : groupe

LIEU : salle de sport

MATÉRIEL :
1 clé ou 1 foulard

Ronde

« Je porte, je porte, la clé de Saint-Georges
Quand je l'aurai assez portée, je la laisserai tomber
Quand je l'aurai assez portée, je la laisserai tomber »

Déroulement : Les enfants font une ronde, se lâchent les mains et s'assoient en tailleur • Un enfant porte la clé. Pendant qu'il marche autour du cercle ainsi formé, les autres chantent • À un moment, il cache la clé derrière le dos d'un enfant • Celui-ci doit se lever et courir après celui qui a déposé la clé • Il doit essayer de le toucher avant que son compagnon ne s'asseye à sa place • L'enfant est chandelle (s'assoit au milieu) si : il n'a pas retrouvé la place où il doit s'asseoir, s'il a fait deux tours de ronde, s'il n'a pas vu la clé derrière son dos, s'il traverse la ronde, s'il est touché par celui qui le poursuit.

Les familles Jenveu et Prantou

Nouveau jeu de béret

ÂGE : 3-4 ans

TEMPS : 15 min

NOMBRE : groupe (nombre pair)

MATÉRIEL :
- 1 chapeau ou autre
- 1 foulard

But : Rapporter le plus vite possible le foulard (qui symbolise les objets de la liste) dans sa famille. Pour tester ses réflexes !

Préparation : Écrivez sur des petits carrés de papier les noms d'objets hétéroclites comme : un livre, des lunettes de soleil, un ballon, un gros gâteau, une cage à oiseaux, une cocotte minute, un bouquet de fleurs, un déguisement de clown, un rouge à lèvres, des palmes, un tuba, un parapluie, une cravate... • Pliez les papiers et mettez-les dans le chapeau • Répartissez les enfants en deux familles : la famille Jenveu et la famille Prantou • Ils sont alignés derrière deux lignes distantes de 10 m environ, face à face • Désignez dans chaque famille : un bébé, une fille, un fils, un papa, une maman, un grand-père, une grand-mère, un oncle, une tante, un cousin, une cousine... selon le nombre d'enfants.

Le jeu : Prenez un papier dans le chapeau, lisez-le puis appelez un membre des familles : « Le ballon... pour les grands-pères » ou bien « Les parapluies pour les bébés ». Les 2 membres de chaque famille courent et essayent de rapporter le foulard dans sa famille sans se faire toucher par l'autre.
On comptabilise les points et, à chaque fois, on replace le foulard.

La chambre des 3 ours

Notions de grandeurs

ÂGE : à partir de 4 ans

TEMPS : 2 fois 15 min

NOMBRE : groupe ou individuel

MATÉRIEL :
- 1 feuille A3 de couleur claire
- papier blanc et de couleur
- carton ondulé de couleur
- un peu de carton mince
- pastels
- colle, ciseaux

Préparation :
Découpez des bandes de papier de couleur de 2 cm de large • Calquez les silhouettes des ours (patrons p. 220) • Reportez-les sur le carton • Découpez-les : ce sont les gabarits • Appliquez-les sur du papier brun • Dessinez les contours au pastel clair (gros trait).

Dans le carton ondulé, tracez et découpez les oreillers, 3 carrés de 4, 6 et 8 cm de côté • Tracez les carrés de couvertures (patron) sur du papier blanc.

Déroulement :
Racontez l'histoire des 3 ours • Donnez les bandes de papier à l'enfant : il imagine des murs et le toit d'une maison : il les colle sur la feuille A3.

Proposez de représenter la chambre des 3 ours quand ils dorment • Demandez ensuite de colorier les carrés de couverture de couleurs vives : unies ou à décors • L'enfant découpe les 3 ours (papier brun) • Il plie en 2 les oreillers (papier blanc) • Il classe les lits, les oreillers, les couettes en 3 tas (Grand, moyen, petit : pour Papa ours, Maman ours et Bébé ours).

Montage : L'enfant colle l'oreiller en haut du lit, l'ours et la couette • Il place et colle les lits comme il veut dans la chambre et ajoute des détails s'il le souhaite.

Remarque : Les enfants sont fiers de réaliser ce tableau, accessible grâce aux collages et aux gabarits.

Fêtes des mères et des pères

Le « porte-portable »

ÂGE : 4 ans et +

TEMPS : 20 min

NOMBRE : groupe

LIEU : intérieur

MATÉRIEL :
- le couvercle d'une boîte à œufs (6) en carton
- papier à dessin 32,5 x 25 cm
- gouache
- papier de soie
- colle, ciseaux

Préparation : Sur le papier à dessin, reportez les mesures du croquis • Découpez le personnage • Reportez (contour au crayon) sur autant de feuilles que d'enfants.

Déroulement : L'enfant peint le couvercle de la boîte à œufs • Il dessine et peint sa tête sur la feuille préparée • Il ajoute des cheveux • Il peint ses vêtements • Il plie la forme, pose de la colle sur les parties en pointillés, place la boîte dessus • Il chiffonne légèrement du papier de soie dans la boîte, y dépose ses cadeaux, messages, poèmes… et plus tard ce sera le « porte-portable » !

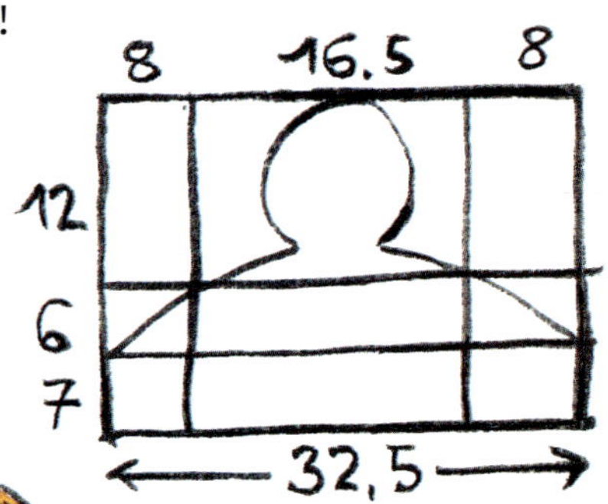

Berceuse

« Fais dodo Colas mon p'tit frère
Fais dodo t'auras du lolo
Maman est en haut qui fait des gâteaux
Papa est en bas qui fait du chocolat
Fais dodo Colas mon p'tit frère
Fais dodo t'auras du lolo ! »

Cadre ondulé et fleur de soie

Du relief

ÂGE : tous

TEMPS : 20 min

NOMBRE : individuel ou groupe

LIEU : intérieur

MATÉRIEL :
- papier à dessin 32,5 x 25 cm
- carton ondulé de couleur : même format
- papier de soie rose, papier vert
- gouache
- colle, ciseaux, cutter
- 1 photo d'identité (facultatif)

Préparation : Sur le carton ondulé, tracez et découpez un cadre de 5 cm : ôtez la partie centrale au cutter • Collez ce cadre directement sur le papier à dessin.

Déroulement : Demandez à l'enfant de dessiner un personnage dont la tête est sa photo ou bien un dessin libre • Le décor ou le paysage de ce dessin déborde sur le cadre • L'enfant peint le dessin et le cadre • Déchirez une bande de papier rose : montrez comment en la pliant en 2 ou 3, en l'entortillant on obtient une rose • Ajoutez-y deux petites feuilles vertes • Collez une ou plusieurs roses dans le bas du cadre • Sur une bande de papier, l'enfant écrit « Bonne Fête Maman (ou Papa) » signe et date • Il place cette bande dans le haut du dessin ou du cadre.

Remarque : L'originalité de ce tableau tient à l'effet graphique obtenu par la peinture sur le cadre en carton ondulé.

Poèmes de fête

Positif-négatif

ÂGE : tous

TEMPS : 15 min

NOMBRE : individuel ou groupe

Déroulement : Écrire un petit poème tout simple en se basant sur un exemple • Reprenez la structure avec les enfants et demandez-leur ce que leur maman sait faire et ce qu'elle ne sait pas faire, ou ce qu'elle aime et ce qu'elle n'aime pas… • Notez leurs propositions • Les plus grands écrivent leur poème, vous écrivez ceux des petits qui font un joli portrait de leur maman (ou papa).

« Ma maman n'a pas de couettes
Mais elle est très chouette
Ma maman chante un peu faux
Mais c'est rigolo ! »

« Mon papa n'aime pas la chasse
Et il fait plein de grimaces !
Mon papa danse de travers
Mais il sait vraiment tout faire ! »

Conseils : Avec les plus jeunes, proposer une structure plus simple : Ma maman est… Ma maman n'est pas… On peut aussi proposer les expressions « la plus… » avec un adjectif : jolie, magnifique, sympathique, formidable…

Une flopée de cœurs

Maîtrise des matières

ÂGE : tous

TEMPS : 10 min

NOMBRE : individuel ou groupe

MATÉRIEL :
- papier à dessin 20 x 10 cm plié en 2
- feuille métallisée (barquettes alu) et 1 pointe
- papier de soie
- carton plat brun
- 1 peu de bristol

Préparation : Dessinez ou calquez la forme d'un cœur • Reportez-la sur le bristol que vous découpez • Posez ce cœur sur la feuille métallisée, détourez, découpez • De même sur le carton plat.

Déroulement :

LE CŒUR DE MÉTAL

L'enfant décore de graphismes le cœur en feuille métallisée puis le colle sur la carte.

LE CŒUR DE CARTON

L'enfant fabrique des roses et des feuilles comme sur le cadre ondulé de la p. 163 et les colle sur le cœur de carton.

MATÉRIEL :
- papier blanc A4
- papier de couleurs
- colle, ciseaux
- feutre fin noir

UN ENVOL DE CŒURS

Déroulement : L'enfant plie en 2 des morceaux de papiers de couleur, dessine des demi-cœurs et les découpe en double • Il décore ces cœurs de graphismes au feutre fin • Il les dispose sur la feuille de papier A4 • Il les colle sur une moitié seulement

INGRÉDIENTS :
- 1 pâte feuilletée toute prête
- 1 blanc d'œuf
- du sucre cristallisé

UN CŒUR DÉLICIEUX

Déroulement : L'enfant pose le gabarit cœur sur la pâte, découpe celle-ci, la pose sur la plaque du four (recouverte de papier sulfurisé) • Faites-les cuire au four 10 à 15 min th.6 • L'enfant badigeonne de blanc d'œuf les cœurs chauds et les saupoudre de sucre cristallisé • Remettez-les 3 min au four.

1 2 3 4 5 6
7 8 9 10 11 12 13
14 15 16 17 18 19 20
21 22 23 24 25 26 27
28 29 30
APPORTER DÉGUISEMENTS
C'EST LA FÊTE À L'ÉCOLE

JUIN

LE CIRQUE

La préparation et le spectacle

Comptine

Sous le chapiteau
Monsieur Loyal
Agite son chapeau !
Tous en piste !
Voici les artistes !

Ursule est funambule
Patricia est acrobate
Félicien est magicien
Marie-Claire est écuyère

1, 2, 3, 4
Le jongleur compte pour du beurre
Mais tous sont morts de peur :
le lion n'a pas reçu son quatre-heures
Où est le dompteur ?

Qui est allé au cirque ?

Expression et émotion

ÂGE : tous
TEMPS : 10 min
NOMBRE : groupe

Préparation : Cherchez et procurez-vous des livres sur le cirque (bibliothèques), des diapositives ou un film (« Le cirque » de Calder ou autres en médiathèques).

Déroulement : « Qui est allé au cirque ? Qui connaît le cirque ? Le « vrai » ou celui vu à la télévision ? Qu'avez-vous vu ? Ressenti ? Préféré ? » • Notez : les personnages, les animaux, les métiers, les accessoires, les décors…

Prolongement : Après cette séance d'expression, proposez de retrouver ce que les enfants ont cité à travers des livres, des diapositives, des films.

Maquillage de clown

Facile pour rire et faire rire !

ÂGE : tous

TEMPS : 10 min

NOMBRE : groupe

MATÉRIEL :
- du maquillage blanc, rouge, rose et noir
- des pinceaux de maquillage
- 1 miroir

Déroulement : Les enfants se souviennent de visites ou de documents : « Il faut du blanc au-dessus des yeux avec un trait noir autour (paupières, sourcils et front), un nez rouge, du rose sur les joues (2 ronds roses appliqués avec les doigts), une grande bouche blanche entourée de noir. »

Conseil : Pour apprendre les mots du visage (sourcils, paupières, joues, bouche, nez, yeux, front). Chaque enfant se regarde dans le miroir et essaye des grimaces.

Petit Marceau !

Jeu de mime

ÂGE : à partir de 4 ans

TEMPS : 10 min

NOMBRE : groupe

MATÉRIEL :
- des petits cartons
- 1 crayon

Préparation : Écrire sur les cartons des actions à mimer.
PAR EXEMPLE : Couper, coudre, taper, se gratter, se laver les cheveux, se coiffer, se regarder dans la glace, cirer ses chaussures, manger, boire, lire, peindre, écrire, gommer, coller, appeler, regarder (au loin, de près), balayer, s'endormir, téléphoner, jouer du piano, de la trompette, du tambour, regarder la télé…

Déroulement : Un enfant choisit un carton et vous lui lisez tout bas ce qui est écrit • L'enfant mime l'action devant ses camarades, qui essayent de deviner ce dont il s'agit • Celui qui a trouvé devient le mime.

Remarque : À travers les comptines mimées, les enfants connaissent déjà quelques gestes. Cette fois, c'est à eux d'en trouver d'autres. Il s'agit de jouer avec son corps, le geste aidant à mémoriser l'action.

Moi en clown

Un portrait en pied pour revoir le schéma corporel

ÂGE : à partir de 4 ans

TEMPS : 2 x 10 min

NOMBRE : individuel

MATÉRIEL :
- 1 feuille blanche 50 x 65 cm par enfant
- 1 photo d'identité de l'enfant
- feutre blanc, rouge et noir
- pastels secs, feutres
- éponge
- papiers de couleur, dorés, argentés
- papier crépon
- ciseaux, colle

Préparation : Photocopiez la photo d'identité et agrandissez-la au format A4.

Déroulement : Demandez à l'enfant de colorier son visage en clown • Puis il découpe sa tête (pour s'aider, il peut entourer son portrait avec un trait au feutre noir) • Il réalise le fond : avec des pastels, il recouvre la surface de la feuille, puis il passe l'éponge humide de haut en bas • Il colle son visage dans le haut tout en laissant de la place pour le chapeau pointu • Il découpe ou déchire des formes dans les papiers de couleur qui deviendront chapeau, corps, bras, jambes et grandes chaussures ! • Il ne reste plus qu'à dessiner les mains aux feutres ou aux pastels.

Les puces savantes

Jeu de ballons

ÂGE : à partir de 4 ans

TEMPS : 10 min

NOMBRE : petit groupe

MATÉRIEL :
- 1 ballon

Déroulement : Les enfants sont alignés assis ou debout, face à vous • Racontez en montrant le ballon : « Vous voici dompteurs de puces ! Quand vous attrapez le ballon, renvoyez-le moi et vite ! Fermez vos mains car vous avez gagné une puce ! Attention si vos mains s'ouvrent les puces sautent ! Mais celui qui a attrapé 5 fois le ballon, a gagné 5 puces et prend ma place ! » • Lancez ainsi le ballon à chaque enfant l'un après l'autre qui comptabilise ses puces.

Conseils : Quand le jeu est bien compris, faites des petites farces en faisant semblant de lancer le ballon, les mains s'ouvrent et… les puces s'en vont !
Un jeu de ballon pour tester son adresse et ses réflexes et s'entraîner à compter.

La malle aux déguisements

Jeu de rôles

ÂGE : tous

TEMPS : 15 min

NOMBRE : groupe

LIEU : intérieur

MATÉRIEL :
- des déguisements de toutes sortes (demandez autour de vous des vieux habits, sacs, chapeaux, vestes, faux bijoux…)
- 1 coffre, 1 malle, 1 caisse ou 1 carton
- 1 miroir
- 1 morceau de musique de film, d'ambiance

Déroulement : « Aujourd'hui 4 enfants vont se déguiser et préparer un petit défilé pour nous, spectateurs. » • Les 4 enfants se déguisent • Pendant ce temps, prévoyez un espace pour le défilé (table basse avec des bancs pour les spectateurs) • Annoncez l'arrivée des personnages : « Attention, les voici ! Musique ! » • Les déguisements et les mouvements sur la musique ont transformé les enfants : ils font quelques tours de table en rythme, saluent et vont s'asseoir • Demandez aux autres enfants : « Comment s'appellent-ils, où vivent-ils, que font-ils… ? »

Remarques : L'enfant, à partir de 4 ans, adore se déguiser. Son imagination est débordante et à travers ces jeux d'imitation, il fait passer diverses émotions : joie, peur, tristesse, colère… Ici, il s'agit de communiquer : s'inventer un nom, une petite histoire qui se développe au fur et mesure des séances.

Les pompons chaussures

Un peu de dextérité

ÂGE : à partir de 4 ans

TEMPS : 15 min

NOMBRE : individuel

MATÉRIEL :
- de la grosse laine
- carton mince
- 1 élastique
- ciseaux

Préparation : Pour un pompon, découpez deux ronds de carton de 11 cm de diamètre • Puis, à partir du centre, tracez et ôtez un cercle de 5 cm de diamètre • Superposez les deux couronnes et coupez quelques encoches tout autour • Coupez des longueurs de brins de 50 cm environ.

Déroulement :

1. Montrez à l'enfant comment coincer de la laine dans une encoche et comment entourer les couronnes en serrant les brins • Quand on arrive au bout de cette longueur de laine, la coincer dans une encoche suivante • On reprend un autre brin et ainsi de suite jusqu'à ce que la couronne soit bien recouverte.

2. Passez la lame des ciseaux entre les couronnes et coupez les brins.

3. Passez un brin de laine entre les deux couronnes et serrez les brins au centre • Sortez-les des cartons (ou coupez ceux-ci) • Égalisez • Attachez l'élastique au fil central puis introduisez le chausson : idéal pour un clown !

Le cirque patasel

Un vrai bas-relief

ÂGE : tous

TEMPS : 15 min

NOMBRE : individuel ou groupe de 5 à 8 enfants

INGRÉDIENTS :
- 2 tasses de farine
- 1 tasse de sel
- 1/2 tasse d'eau

MATÉRIEL :
- 1 couteau à bout rond, allumettes, petits outils de modelage
- plan de travail : toile cirée

DÉCOR :
- carton plat (50 x 35 cm)
- gouache ou papier de couleur)

Fabrication : Faites fabriquer la pâte à sel par l'enfant : il mélange sel et eau puis la farine de façon à obtenir une pâte souple (un peu plus d'eau pour une pâte trop sèche, un peu plus de farine pour une pâte trop molle) • L'enfant prend une petite quantité de pâte à sel • La consigne est de réaliser un personnage, un animal ou un accessoire de cirque de 8 cm de haut, et à plat comme un bas-relief (mot à expliquer) • Montrez 8 cm sur sa main • Il y aura des clowns mais aussi peut-être un tigre, un éléphant ou un ballon • Laissez sécher les œuvres : plusieurs jours à l'air ou quelques heures au four (cuisson douce) • Chaque enfant peint son œuvre.

Montage : Dessinez 1 grand rond dans le bas du carton : c'est la piste • Au-dessus des rayures : le chapiteau ! • L'enfant peint la piste en jaune et colle des papiers de couleurs alternées pour les rayures du chapiteau • Puis chacun dispose et colle sa réalisation.

Conseil : Prévoyez un panneau-cirque pour 5 à 8 enfants mais un enfant seul peut réaliser un petit cirque Patasel !

La grande parade

Successions de jeux corporels et de mimes

ÂGE : tous

TEMPS : de 5 à 10 min par activité

NOMBRE : groupe

LIEU : grande salle

Pour s'amuser : Les enfants vont essayer ces jeux tous ensemble.
Pour un vrai spectacle : Prévoyez des petits groupes et dessinez une piste au sol avec de la craie ainsi qu'une entrée et une sortie pour les artistes !

MATÉRIEL :
- 1 chapeau noir haut de forme (ou autre)
- 1 veste rouge
- musique de cirque

MONSIEUR LOYAL

Déroulement : Sur la musique, les enfants en file indienne paradent autour de Monsieur Loyal (que vous représentez) • Ils avancent • À votre signal, ils s'arrêtent, se retournent et avancent dans l'autre sens.

MATÉRIEL :
- 1 tapis par enfant

LES ACROBATES

Déroulement : Les enfants font des roulades avant et arrière sur les tapis.

MATÉRIEL :
- des cordes ou des traits tracés à la craie

LES FUNAMBULES

Déroulement :
Les enfants imitent le déplacement des fu-nambules : marcher les pieds l'un devant l'autre, sur un pied, se retourner, reculer, étendre les bras pour simuler un déséquilibre, mimer un parapluie dans la main, l'ouvrir et le refermer…

MATÉRIEL :
- plots
- cerceaux
- 1 fouet de dompteur (bâton + ficelle)

LES FAUVES

Déroulement : Les enfants fauves rugissent en arrivant sur la piste et se déplacent à quatre pattes • Le dompteur (vous ou un enfant) claque son fouet en criant « Clac ! » et les fauves vont se placer chacun sur un plot • Au deuxième claquement, ils lèvent leurs bras en l'air en rugissant puis se remettent à quatre pattes • Au troisième claquement, chacun à son tour passe dans des cerceaux installés sur des plots ou tenus par 2 enfants • Au quatrième claquement, ils se mettent à courir derrière le dompteur en montrant les dents. Le dompteur court dans les coulisses…

MATÉRIEL :
- 1 chapeau et 1 foulard par enfant magicien
- musique mystérieuse

LES MAGICIENS

Déroulement : Les magiciens arrivent. Ils ont tous un chapeau à la main avec un foulard caché à l'intérieur • Ils saluent • Sur la musique, ils tirent les foulards des chapeaux, dansent en les agitant et au signal, tous les foulards rentrent dans les chapeaux. On recommence une ou deux fois !

LA MARCHE DES ÉLÉPHANTS

Déroulement : Les enfants imitent la démarche lourde et pataude des éléphants • Puis avec leurs bras pour faire la trompe, ils barrissent tous ensemble et reprennent leur démarche à la queue leu leu !

Conseils : Les enfants peuvent être déguisés en éléphant (masque et sacs poubelles gris (sur le corps, pas sur la tête !)).

MATÉRIEL :
- déguisement de clown + maquillage
- des tapis
- musique

LES CLOWNS

Déroulement : Les clowns surgissent sur la musique les uns après les autres, se dandinent, improvisent un saute-mouton, s'imitent les uns les autres (démarche, gestes), s'échangent leurs vestes... et repartent en faisant un tour de piste ou une farandole !

LA PARADE FINALE

Déroulement : Chaque groupe vient défiler l'un à la suite de l'autre en imitant des instruments : une trompette, un tambour, un trombone à coulisses, des clochettes... et salue une dernière fois.

Conseils : Demandez aux enfants de faire des grands gestes pour imiter les instruments. Prévoyez une vraie musique de cirque que vous pouvez vous procurer dans une discothèque municipale. Entraînez les enfants pendant plusieurs séances, et faites-les répéter si possible sur le lieu du spectacle !

Gâteau huit Clowns

ÂGE : tous

TEMPS : 15 min

NOMBRE : individuel ou groupe

LIEU : intérieur

INGRÉDIENTS :
- 1 génoise de 22 cm de diamètre ou 1 biscuit quatre-quarts tout fait ou à préparer (voir p.109)
- sucre glace + colorant alimentaire
- petits bonbons de couleur (vermicelles ou petites billes)
- fils sucrés verts, fraises…

Fabrication : Découpez un rond de carton du diamètre du gâteau • Ôtez un rond central de 11 cm de diamètre • Posez la couronne de carton sur le gâteau • Avec la lame du couteau, tranchez légèrement le dessus du gâteau pour marquer le rond • Marquez aussi 8 parts • Avec l'enfant, fabriquez le glaçage : quatre cuillerées à soupe de sucre glace, du colorant alimentaire et un peu d'eau • L'enfant étale le glaçage sur le rond central du gâteau et le décore de petits bonbons • Dans le reste des 8 parts (8 têtes), collez des bonbons pour les yeux, une demi-fraise pour le nez, des fils sucrés pour la bouche, etc.

Remarque : Idéal pour une fête : chaque part de gâteau est une tête de clown !

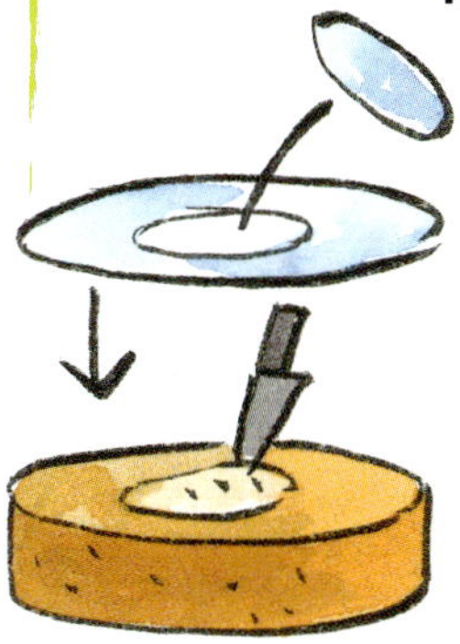

La musique

L'anneau à bruits

ÂGE : tous

TEMPS : 5 min

NOMBRE : individuel

MATÉRIEL :
- 1 m de gaine électrique
- ruban adhésif de couleur
- riz, lentilles, graines

Fabrication : Introduisez des graines dans la gaine • Réunissez et fermez les deux extrémités avec du ruban adhésif • Enroulez d'autres couleurs de ruban sur le tuyau pour décorer.

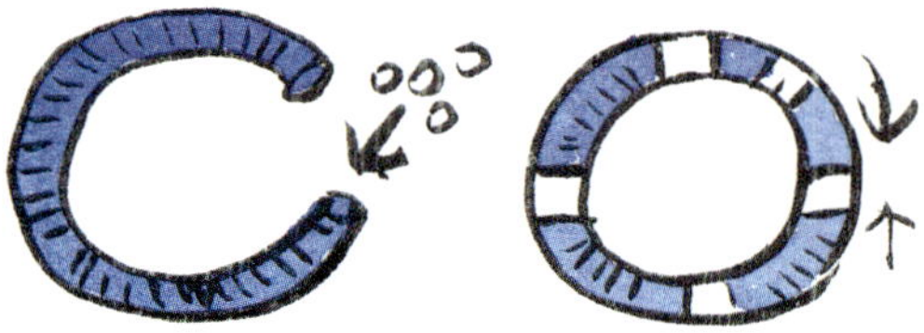

Les clés musicales

ÂGE : tous

TEMPS : 10 min

NOMBRE : individuel

MATÉRIEL :
- des vieilles clés ne servant plus
- 1 poignée de sac en plastique
- de la ficelle

Fabrication : Découpez la poignée d'un vieux sac • Attachez-y des clés avec la ficelle • Agitez !

Le mirliton

ÂGE : tous

TEMPS : 10 min

NOMBRE : individuel

MATÉRIEL :
- 1 rouleau de carton
- papier de soie
- papiers de couleur
- 2 élastiques, 1 cutter

Fabrication : Ôtez un fuseau de 2 cm de long sur le rouleau de carton avec le cutter • Découpez deux ronds de 10 cm de diamètre dans le papier de soie • Fixez-les aux deux extrémités du rouleau avec deux élastiques • Faites décorer de papiers de couleur ou de peinture • Chantonnez dans le trou du mirliton !

Le hochet du diable

ÂGE : tous

TEMPS : 10 min

NOMBRE : individuel

MATÉRIEL :
- 1 anneau de rideau
- des capsules en métal ou en plastique
- des perles en bois
- de la ficelle fine

Préparation : Avec un clou et un marteau, faites des trous dans les capsules • Coupez des longueurs de ficelle de 20 cm.

Fabrication : Enfilez une perle sur la ficelle, nouez-la à une extrémité • L'enfant enfile dans le désordre les capsules et les perles • Nouez quatre ou cinq ficelles sur l'anneau sans serrer • Agitez !

Conseil : Posez un peu de vernis à ongles sur une extrémité de la ficelle. Durcie, elle ne s'effiloche pas et l'enfilage est plus facile.

Les tambours

ÂGE : tous

TEMPS : 15 min

NOMBRE : individuel

MATÉRIEL :
- boîte de conserve (1 ou 5 kg à demander dans les cantines)
- peinture
- carton ondulé de couleur
- feuilles plastifiées : sacs poubelles
- élastique, colle

Fabrication : Mesurez le diamètre du rond à recouvrir • Taillez des ronds de ce diamètre dans le plastique augmenté de 10 cm • Posez de la colle sur le bord supérieur du récipient • Tendez un rond de plastique : posez-le sur le récipient, rabattez les bords sur la colle • Fixez avec un élastique • Décorez avec des bandes de carton ondulé.

La baguette : Peignez-la • L'extrémité est une boule de coton fixée au bout et entourée d'un rond de plastique serré par un élastique.

Les maracas multiples

ÂGE : tous

TEMPS : 10 min

NOMBRE : individuel ou groupe

LIEU : intérieur

MATÉRIEL :
- pots de yaourt
- boîtes de pellicules photos
- petites bouteilles en plastique (eau, lait, crème)
- canettes
- différents récipients qui se ferment…

DÉCORATION :
- gouache acrylique
- carton ondulé de couleur
- colle, ciseaux
- ruban adhésif de couleur

BRUITAGE :
graines diverses : lentilles, haricots, semoule de couscous, gravillons, sable sec, perles…

Fabrication : Après avoir introduit les éléments du bruitage, fermez les instruments par collage (deux par deux) ou au moyen d'un bouchon, d'un ruban adhésif • Décorez avec des couleurs (gouache, papiers collés, bandes de carton ondulé collées…).

Conseils : Essayez différents bruitages selon les récipients, les graines et les quantités introduites. Les enfants découvrent comment fabriquer toutes sortes de sons.

Le djembé

ÂGE : à partir de 4 ans

TEMPS : 15 min

NOMBRE : individuel

MATÉRIEL :
- pot de fleur
- papier kraft
- colle à papier peint
- peinture

Préparation : Découpez des bandes de papier kraft de 1,5 cm de large et de 35 cm de long.

Fabrication : L'enfant enduit la bande de colle à papier peint • Il la pose sur le pot de fleurs, rabat les bords de chaque côté • Il continue en croisant les bandes (4 couches) • Faites sécher au soleil ou près d'un radiateur : le papier se tend • L'enfant décore son pot avec de la peinture (points, lignes, soleils, fleurs…).

Conseil : Ne mettez pas trop de colle, sinon le papier se déchire. Tapez avec les doigts ou une baguette (voir fabrication, p. 179).

L'affiche

Pour annoncer la fête de l'école il faut une belle affiche !

Peinture gestuelle

Inspirée de Pollock

ÂGE : tous

TEMPS : 15 min

NOMBRE : 3 enfants

MATÉRIEL :
- 1 feuille de papier à dessin blanche 65 x 50 cm
- peinture liquide
- 3 boîtes de conserve, clou, marteau ou pinceaux de différentes tailles
- tablier, et grands plastiques pour protéger le sol.

Préparation : Percez le fond des boîtes à l'aide d'un clou et d'un marteau ainsi que le haut de la boîte (2 trous) pour y passer une ficelle • Protégez le sol avec les plastiques.

Déroulement : Chaque enfant a une boîte percée • Mettez-y « un peu » de peinture • Les enfants promènent leur boîte au-dessus de la feuille • Pendant le séchage, écrivez les informations : titre, date, lieu, heure, nom de l'école... sur des bandes de papier • Collez ces bandes sur l'affiche.

Conseils : Vous pouvez aussi proposer des pinceaux de tailles différentes pour asperger la feuille sans la toucher comme le faisait vraiment Pollock. Gare aux éclaboussures !

Les patates étoilées

Impressions

ÂGE : tous

TEMPS : 15 min

NOMBRE : 4 à 5 enfants

MATÉRIEL :
- 1 feuille de papier à dessin blanche 50 x 65 cm
- des pommes de terre
- 1 couteau
- assiettes en carton
- peinture

Préparation : Coupez les pommes de terre en deux • Dessinez une étoile sur chaque surface de pomme de terre • Découpez les contours avec un couteau • Remplissez quelques assiettes de peinture • Dessinez un cadre de 5 cm autour de la feuille.

Déroulement : L'enfant pose les pommes de terre dans la peinture • Il les essuie puis il les applique tout autour de la feuille pour faire un cadre • Écrivez au feutre les informations de l'affiche (voir affiche précédente).

Conseil : Demandez aux enfants de s'entraîner sur une petite feuille avant de le faire directement sur l'affiche.

Comme cette technique amuse beaucoup les enfants, vous pouvez aussi proposer à un autre petit groupe de faire des réalisations avec des tampons pomme de terre différents (rond, carré, triangle, cœur…)

Les jeux

La queue de l'éléphant

Notions d'espace

ÂGE : tous

TEMPS : 5 min

NOMBRE : individuel

LIEU : intérieur ou extérieur

MATÉRIEL :
- 1 feuille de papier à dessin blanche 50 x 65 cm
- feutres ou peinture
- 1 foulard
- 1 queue (brins de raphia attachés, avec un morceau de pâte à fixer au bout)

But : Mettre la queue de l'éléphant au bon endroit… les yeux bandés !

Préparation : Dessinez un éléphant sans sa queue ! • Faites-le colorier (gros feutres ou peinture).

Le jeu : Le joueur, les yeux bandés, essaye de fixer la queue pendant que quelqu'un le guide : « Plus haut, plus bas, à droite, à gauche, de l'autre côté… »

Conseil : Pour les petits, droite et gauche sont des notions encore difficiles, dites plutôt « de l'autre côté » pour les guider.

Billes de clown !

Jeu de nombres et de dextérité

ÂGE : 4 ans et plus

TEMPS : 5 min

NOMBRE : individuel

LIEU : intérieur ou extérieur

MATÉRIEL :
- 1 carton (de déménagement ou d'eau minérale)
- crayon
- colle
- couleur : papier ou gouache
- des billes

Préparation : Ôtez les rebords des cartons • Dessinez 5 portes en ordre décroissant • Découpez-les.

Fabrication : Les enfants décorent le carton de peinture ou de papiers collés • Au-dessus des portes, prévoyez des nombres bien visibles de 1 à 5.

Le jeu : À dix pas, un enfant lance 6 billes l'une après l'autre dans les portes • Prévoyez des bonbons : deux pour le 5 et le 4, un pour le 3,2,1... pour la consolation !

Le lion glouton

ÂGE : tous

TEMPS : 5 min

NOMBRE : individuel

LIEU : intérieur ou extérieur

MATÉRIEL :
- 1 carton de déménagement
- gouache
- 1 cutter
- des balles-chaussettes (cf. p.63) ou de ping-pong

Fabrication : Ôtez le fond du carton • Dessinez un lion (voir croquis) avec une grande gueule affamée ! • Avec le cutter, ôtez cette partie • Faites peindre le lion en brun, jaune... ou rouge ou bleu, ce sera plus insolite !

Le jeu : Suivant la dimension du trou, prévoyez un nombre de pas suffisant pour placer le joueur • Celui-ci dispose de cinq balles. S'il réussit trois fois, il gagne un bonbon, s'il le fait cinq fois, il a 3 bonbons !

Conseil : Pour récupérer les balles, prévoyez des ramasseurs sur le terrain ! Les balles gagnantes sont dans le lion !

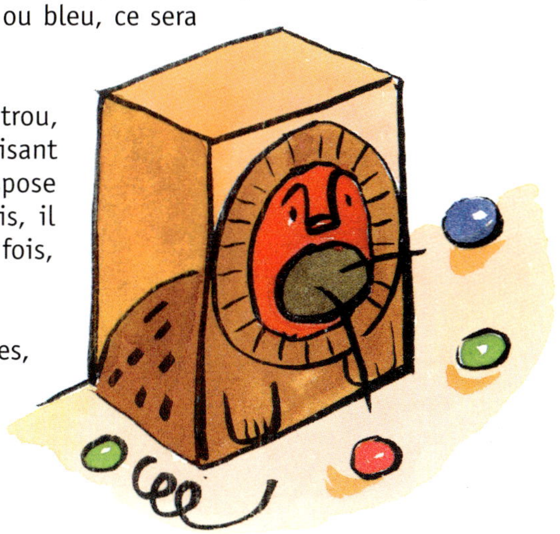

Tour de piste des chiens savants !

Mobilité et motricité !

ÂGE : à partir de 4 ans

TEMPS : 5 min

NOMBRE : 2

LIEU : extérieur

MATÉRIEL :
- 2 vélos ou 2 patinettes
- 2 foulards de couleurs différentes suspendus (arbre, cerceau accroché…)
- 2 plots

Déroulement : Les chiens savants sont sur la ligne de départ en vélos • Ils doivent atteindre le chapiteau (plot), tourner autour • Attraper le foulard suspendu et revenir le plus vite possible !

Conseil : Préférez la patinette pour les petits !

Qui est qui ?

Jeu d'observation et de reconnaissance

ÂGE : tous

TEMPS : 5 min

NOMBRE : individuel

LIEU : intérieur ou extérieur

MATÉRIEL :
photos d'identité des adultes de l'école

But : Associer les deux photos de la même personne !

Préparation : Photocopiez les photos et agrandissez-les au format A4 en deux exemplaires • Demandez à l'enfant de maquiller une photo en clown (voir p. 172) • Exposez les photos maquillées et les photos originales sur deux grandes feuilles l'une à côté de l'autre • Dessinez un cadre coloré.

Déroulement : Les promeneurs regardent les photos des deux panneaux • Qui reconnaîtra la directrice, le gardien, les maîtresses ?

Tête à trous

Jouer avec les émotions pour mieux les connaître…

ÂGE : tous

TEMPS : 5 min

NOMBRE : individuel

LIEU : intérieur ou extérieur

MATÉRIEL :
- Procurez-vous des grands panneaux de carton (réservez-les dans des magasins d'électroménager)
- gouache, gros pinceaux

Préparation : Montrez aux enfants des représentations du « clown blanc » et de « l'Auguste ». Est-ce qu'ils les connaissent ? • Quelles différences y a-t-il entre eux ? • On décide d'un clown blanc : élégant et sérieux • D'un Auguste : farceur un peu ridicule celui qui nous fait rire • À hauteur de tête d'un adulte ou d'un enfant sur un tabouret, on dessine un ovale que l'on enlève au cutter • Autour du premier ovale, c'est le clown blanc et sur le deuxième, l'Auguste • Dessinez les deux silhouettes de clowns que les enfants peindront à plat.

Le jeu : Les promeneurs placent leur tête dans les trous des panneaux… et sont pris en photo !

Le filet du Clown Patate

Notions de quantité

ÂGE : tous

TEMPS : 5 min

NOMBRE : individuel

LIEU : intérieur ou extérieur

MATÉRIEL :
- 1 filet garni avec divers aliments ou autres : 1 jambon, 1 trompette pouêt-pouêt, 1 pot de confiture, 1 nez rouge… et bien sûr des patates !

But : Deviner le poids du filet du Clown Patate !

Déroulement : Le Clown Patate se promène dans la fête et demande le poids de son filet. Il note les propositions et le nom des joueurs • Plus tard, le filet est pesé. Celui qui a donné le poids le plus proche de la réalité gagne le filet !

Tangram

Un jeu millénaire pour jouer avec les formes géométriques

ÂGE : à partir de 4 ans

TEMPS : 15 min

NOMBRE : individuel

MATÉRIEL :
- 1 tangram par enfant
- 1 feuille de cartoline blanche A4
- ciseaux, colle

Préparation : Racontez la légende du Tangram (une, entre autres)

« Il était une fois, très loin d'ici, un seigneur chinois appelé le seigneur Tan. Il vivait dans un palais doré, près d'un lac. Par-dessus tout, il aimait se promener de longues heures autour du lac… Un jour, alors qu'il était en train de flâner entre les roseaux, il aperçut par terre quelque chose qui brillait. Il se baissa et découvrit un magnifique carreau d'argent. Il le ramassa, l'admira : le carreau était lisse comme la surface du lac, doux comme une plume d'oiseau, brillant comme son habit. Il voulut le retourner et… malheureusement le merveilleux objet lui échappa des mains et se brisa au sol en 7 morceaux ! Le seigneur Tan, désappointé, voulut le reconstituer. En assemblant les morceaux, il créa la forme d'un petit personnage ! Il déplaça quelques morceaux et une jolie maison se forma sous ses yeux ébahis ! Le seigneur Tan rentra dans son palais tout content d'avoir inventé un nouveau jeu. Il l'appela le Tangram et en fit fabriquer pour tous les habitants de son royaume ! »

Fabrication : Dessinez 2 fois les formes du tangram sur de la cartoline (patron p. 221) • Découpez ces formes • Agrandissez quelques figures proposées en modèle.

Les jeux : Mélangez les formes et demandez à l'enfant : de les replacer sur le modèle carré, de reconstituer les figures proposées, ou d'inventer d'autres figures.

Conseils : Pour rendre le jeu plus difficile :
- faites des fiches où les contours disparaîtront progressivement,
- demandez de reproduire les figures à côté du modèle.

Peinture Trio

Œuvre collective

ÂGE : tous

TEMPS : 5 min

NOMBRE : 3 enfants

LIEU : intérieur ou extérieur

MATÉRIEL :
- 3 pots de peinture : bleu, rouge, noir
- 3 pinceaux
- 3 vieilles chemises à manches longues (ou tabliers)
- 1 feuille de papier à dessin blanche (ou rouleau de papier à dessiner)

Préparation : Fixez le papier au mur • Donnez un ordre de passage aux trois peintres (tirage au sort, comptine pour désigner...) • Chaque enfant a un pinceau et un pot de peinture.

Le jeu : À votre signal, le premier peintre commence à peindre (1min). Stop ! • Le deuxième continue (1 min) • Le troisième termine • S'il reste trop de blanc chacun repasse à son tour.

Conseil : Les artistes peuvent disposer de trois outils différents : rouleaux, éponges... ou de médium : gouache, feutres, pastels.
Avec les plus grands : peindre les yeux bandés et admirer ensuite le résultat ! Surprenant !

L'arbre du magicien

ÂGE : tous

TEMPS : 5 min

NOMBRE : 2 ou 3 enfants à la fois

LIEU : prévoir ce jeu près d'un arbre avec des branches assez basses

MATÉRIEL :
- des bonbons
- du papier de soie ou autre
- du ruban ou bolduc
- ciseaux, foulard

But : Attraper un bonbon, les yeux bandés.

Préparation : Emballez chaque bonbon dans un morceau de papier de soie, nouez-le avec du bolduc dont vous laisserez une grande longueur pour pouvoir l'accrocher dans l'arbre.

Le jeu : Le gourmand, qui a les yeux bandés, essaye d'arracher un petit paquet pour avoir des bonbons !

Conseil : Aidez les plus jeunes... pour éviter les petits accidents de parcours !

			1	2	3	4
5	6	7	8	9	10	11
12	13	14	15	16	17	18
19	20	21	22	23	24	25
26	27	28	29	30	31	

ON FAIT DE LA LIMONADE

VIVE LES VACANCES !

						1
2	3	4	5	6	7	8
9	10	11	12	13	14	15
16	17	18	19	20	21	22
23	24	25	26	27	28	29
30	31					

GRAND JEU EN FAMILLE

JUILLET
AOÛT

LES 4 ÉLÉMENTS

L'eau

Chanson

A la claire fontaine
M'en allant promener
J'ai trouvé l'eau si belle
Que je m'y suis baigné

REFRAIN : Il y a longtemps que je t'aime
Jamais je ne t'oublierai

Sous les feuilles d'un chêne
Je me suis fait sécher
Sur la plus haute branche
Le rossignol chantait

L'eau : c'est quoi ?

Décrire et comprendre

ÂGE : tous

TEMPS : 10 min

NOMBRE : groupe

Préparation : Cherchez et procurez-vous des documents sur l'eau (livres, posters, photos…)

Déroulement : « Qu'est ce que c'est l'eau ? Où y en a-t-il ? À quoi ça sert ? » Notez les réponses des enfants • Où ? à la maison : les robinets dans la cuisine, salle de bain. Dans la nature : la mer, la rivière, la pluie… • Ça sert à : boire, se laver, laver dans les machines (le linge, la vaisselle), faire cuire des aliments (lesquels), arroser le jardin, se baigner • Proposez aux enfants de faire un dessin où l'eau est présente.

Remarque : Avec les plus grands, concluez : l'eau est indispensable à la vie, elle est très précieuse et il faut éviter de la gâcher.

Qu'est-ce qui flotte ? Qu'est-ce qui coule ?

Faire des hypothèses

ÂGE : tous

TEMPS : 10 min

NOMBRE : groupe

LIEU : intérieur

MATÉRIEL :
- 1 bassine pleine d'eau
- objets divers : 1 bouchon, 1 plume, 1 bille, 1 petite voiture en plastique et 1 en métal, 1 pièce de monnaie, 1 ballon gonflé, 1 bouteille plastique vide et 1 pleine (les deux bouchées), 1 cuillère, 1 assiette en faïence, 1 en plastique et 1 en carton, 1 caillou, 1 crayon, 1 feuille, 1 morceau de tissu, 1 morceau de pâte à modeler…

Préparation : Disposez les objets en les mélangeant à côté de la bassine.

Déroulement : Demandez à l'enfant de nommer les objets de son choix et de deviner si ceux-ci flottent ou coulent • Puis il expérimente cette hypothèse • De même pour tous les objets • On discute ensuite. Pourquoi ? Parlez du poids, de l'air dans les objets, de la surface. Faites essayer cette expérience : avec un même morceau de pâte à modeler, si c'est une boule, elle coule, si elle est aplatie, elle flotte !

Variante : Inversez les rôles : demandez à l'enfant de chercher d'autres objets et de vous poser la devinette ou de la poser à un compagnon.

Le pluviomètre

Mesures météo

ÂGE : tous

TEMPS : 5 min

NOMBRE : individuel

LIEU : intérieur

MATÉRIEL :
- 1 bouteille en plastique (lisse si possible)
- 1 feutre noir indélébile
- 1 règle graduée
- 1 couteau-scie

Fabrication : Avec le couteau-scie, coupez la bouteille au 2/3 • Placez le goulot à l'intérieur de la bouteille • Marquez sur la bouteille les centimètres à partir du bas.

Observation : Placez la bouteille dehors bien calée (pour qu'elle ne se renverse pas) • Quand il pleut, regardez avec l'enfant la quantité d'eau de pluie tombée en 1 jour, en 1 nuit, en 1 h • Notez ces observations et datez-les • Faites des comparaisons : il a plu 2 fois plus aujourd'hui en 1 h que dans la semaine…

La limonade

ÂGE : tous

TEMPS : 5 min

NOMBRE : individuel

INGRÉDIENTS :
- de l'eau gazeuse
- du jus de citron
- du sucre en poudre

Fabrication : Mélangez les ingrédients et gardez au frais dans une bouteille fermée.

Glace au sirop

ÂGE : tous

TEMPS : 5 min

NOMBRE : individuel

LIEU : intérieur

INGRÉDIENTS :
- eau + sirop
- bâtonnets d'esquimaux (ou abaisse-langue)

Fabrication : Remplissez de sirop des petits récipients, à ras bord : coquetiers, alvéoles de boîtes à œufs en plastique… et glissez les bâtonnets • Mettez au freezer durant une heure • Démoulez, dégustez !

Petit bateaux à déguster

ÂGE : tous

TEMPS : 5 min

NOMBRE : individuel

LIEU : intérieur

Matériel :
- papier de couleur
- pique à apéritif

Ingrédients :
- pain de mie coupé en tranches (épaisses) ou rondelles de baguette
- de quoi tartiner en sucré (confiture), et en salé (crème de crabes, de crevettes…)

Fabrication : Faites tartiner le pain • Coupez en 2 triangles • Préparez les carrés de papier (2 cm de côté) • Avec les piques à apéritif : traversez les carrés de papier puis le pain : comme des voiles sur des petits bateaux !

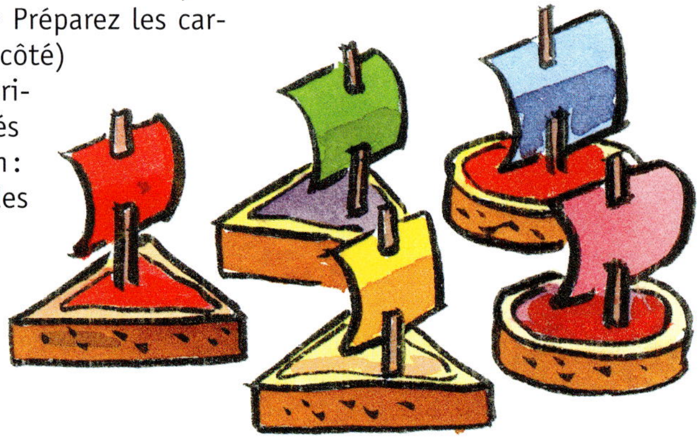

Jeu des poissons et des pêcheurs

Compter et jouer

ÂGE : à partir de 4 ans

TEMPS : 10 min

NOMBRE : groupe

LIEU : intérieur ou extérieur

But : Attraper les poissons.

Préparation : Constituez deux équipes : les poissons et les pêcheurs.

Le jeu : Demandez aux pêcheurs de se donner la main : c'est le filet • Dites aux poissons : « Vous allez passer entre les mailles du filet, c'est à dire que vous allez essayer de passer sous les bras des pêcheurs sans vous faire attraper » • Attention ! Les pêcheurs ont décidé d'un nombre secret entre eux • Ils commencent à compter tout haut et les poissons passent dans le filet • Au nombre choisi, les pêcheurs s'accroupissent et les poissons attrapés dans le filet deviennent pêcheurs à leur tour • Ainsi de suite jusqu'à ce qu'il ne reste plus de poissons ! • Puis on inverse les rôles et on recommence une autre partie.

Conseils : Pour les plus jeunes, laissez le temps aux enfants de bien connaître le jeu et de choisir le rôle qu'ils préfèrent.

Pas une goutte à perdre !

Vitesse et précaution

ÂGE : à partir de 4 ans

TEMPS : 15 min

NOMBRE : groupe

LIEU : extérieur

MATÉRIEL :
- 4 seaux
- 2 gobelets

But : Remplir le seau le premier.

Préparation : Remplissez deux seaux d'eau sur la ligne de départ • Répartissez le groupe en deux équipes de 5 ou 6 enfants en file indienne derrière une ligne. Le premier de chaque file a un gobelet.

Déroulement : À votre signal, le premier remplit le gobelet, court le vider dans le seau opposé, revient et donne le gobelet au deuxième qui a pris la place du premier • Celui-ci remplit le gobelet et ainsi de suite • La première équipe qui a rempli son seau a gagné • S'il y a des ex-aequo, comparez les hauteurs d'eau.

Chanson

« Maman les p'tits bateaux qui vont sur l'eau
Ont-ils des jambes ?
Mais oui mon gros bêta s'ils n'en avaient pas
Ils ne marcheraient pas »

Une marine

Mélange de techniques

ÂGE : tous

TEMPS : 15 min

NOMBRE : groupe

LIEU : intérieur

MATÉRIEL :
- 1 feuille A3
- gouache
- assiette en carton
- papiers de couleur
- 1 peu de sable
- colle, ciseaux,

Préparation : Dessinez légèrement une ligne horizontale ondulée comme une vague, au 2/3 supérieur de la feuille A3 • Sur l'assiette : gouache blanche et bleu foncé.

Déroulement : Demandez à l'enfant de faire un geste avec la main qui évoque la mer : sans vagues, avec vagues • Avec le pinceau trempé dans la gouache bleue, il refait ce geste • Il prend alternativement les couleurs (sans les mélanger sur l'assiette) et les passe toujours en pensant aux vagues : faites observer les couleurs lorsqu'elles se touchent, les mélanges se font légèrement • Après avoir peint la mer, l'enfant retourne le dessin (la mer en haut) et il peint le ciel en blanc et bleu clair • Il retourne le ciel vers le haut • Dans le bas, l'enfant pose de la colle et projette du sable • Il déchire des lanières de papier vert pour évoquer les algues, dessine et découpe des formes de poissons dans du papier de couleur, les colle • Apprenez à l'enfant à plier un petit bateau de papier dans un rectangle : il le colle sur la mer.

Remarque : Un joli tableau à réaliser, qui mélange plusieurs techniques : gouache, pliage et collage.

L'air

Comptine pour désigner

1 aile, 2 ailes, 3 ailes, 4 ailes, 5 ailes, 6 ailes, 7 ailes ! (c'est elle).

Comment voit-on l'air ?

Regarder, sentir, comprendre

ÂGE : tous

TEMPS : 10 min

NOMBRE : groupe

Déroulement : Posez la question aux enfants et notez leurs réponses : « On ne le voit pas. C'est du vent. On le respire. » « Il y en a dans les pneus, les bouées, les ballons. »• Qu'est-ce qui fait de l'air ? Le ventilateur, l'éventail, le sèche-cheveux… • On voit l'effet du vent : les branches d'arbres bougent, le linge sèche, les drapeaux claquent, les nuages avancent, les oiseaux se laissent porter… • On entend le vent : du plus doux au plus fort (du sifflement à la tempête) • On souffle dans les instruments à vent : la trompette, la flûte, le hautbois, la clarinette, le cor de chasse…

Expérience : Par grand vent, tenez un harmonica à bout de bras : on entend des notes de musique. Essayez aussi avec des bouteilles vides.

Un arc-en-ciel

Toutes les couleurs sont dans la nature

ÂGE : tous

TEMPS : 10 min

NOMBRE : groupe

Il a plu ou il pleut, et il y a du soleil. Résultat : un arc-en-ciel !

Déroulement : Énumérez les couleurs comme une comptine. Pour cela, demandez à l'enfant de trouver des rimes ou des images :

« Violet, c'est une prune !
Indigo, c'est du raisin
Bleu, c'est le ciel
Vert, c'est la pelouse
Jaune, c'est le soleil
Orange, c'est une carotte
Rouges, ce sont mes joues ! »

Moulin à vent

Pour voir la force du vent !

ÂGE : tous

TEMPS : 10 min

NOMBRE : individuel

LIEU : intérieur

MATÉRIEL :
- 1 carré de papier à dessin (10 à 15 cm de côté)
- 1 épingle
- 1 rondelle de bouchon
- 2 petites perles
- 1 pique à brochettes (ou 1 baguette fine)
- peinture, gommettes
- colle, ciseaux

Fabrication : Demandez à l'enfant de décorer le carré de papier avec de la peinture des deux côtés ou avec des gommettes • Après séchage, tracez les diagonales aux 2/3 • Pratiquez une fente dans la rondelle de bouchon • Collez-y la pique à brochette • Piquez le moulin sur une perle et la rondelle de bouchon.

Utilisation : L'enfant va chercher de quel côté il faut souffler pour faire tourner les ailes du moulin. Il peut ensuite s'entraîner à l'extérieur un jour de vent ou piquer ce moulin dans un pot rempli de terre au milieu du jardin ou dans un endroit en vue et… au vent.

Conseil : Jouer avec le moulin permet à l'enfant de se rendre compte de la présence du vent et d'observer son environnement naturel.

Pigeon-vole !

Jeu de réflexion et de réflexes !

ÂGE : à partir de 4 ans

TEMPS : 5 min

NOMBRE : groupe

Déroulement : Les enfants sont assis. Expliquez-leur : « Je vais vous citer des objets, des personnes, ou des animaux. Par exemple : Mouette vole ? Oui, une mouette vole, vous levez le doigt.

Un autre exemple : Camion vole ? Non, un camion ne vole pas, vous ne levez pas le doigt. Celui qui se trompe trois fois est éliminé. »

Autres exemples : Maison vole ? Tasse ? Plume ? Pomme de terre ? Avion ?

Conseil : Pour rendre le jeu plus difficile, levez le doigt vous aussi mais au mauvais moment !

Ballon lettre

Pour apprendre l'alphabet en s'amusant

ÂGE : à partir de 4 ans

TEMPS : 10 min

NOMBRE : groupe

LIEU : intérieur ou extérieur

MATÉRIEL : 1 ballon de baudruche

Déroulement : Les enfants sont en cercle. Vous lancez le jeu : « Voici un ballon alphabet. Il doit rester en l'air le plus longtemps possible. À chaque fois qu'un enfant le touche, il dit une lettre dans l'ordre de l'alphabet. Commençons.

Trois activités pour apprendre à maîtriser son souffle

Peinture soufflée

ÂGE : à partir de 4 ans

TEMPS : 10 min

NOMBRE : individuel ou à 2 ou 3

MATÉRIEL :
- 1 feuille A4
- encres de couleur avec des compte-gouttes
- pailles
- feutre noir fin

Déroulement : Faites une démonstration : une tache d'encre au milieu d'une feuille, inclinez-la légèrement, puis avec la paille soufflez d'un côté, de l'autre, prolongez un trait • Les enfants ont une feuille, une paille, une encre de couleur et un compte-gouttes • Ils expérimentent seuls avec une ou plusieurs couleurs, puis à 2 ou 3 • Au signal, demandez-leur de compléter leur création avec des graphismes au feutre.

Conseil : Cette activité peut s'improviser au fur et à mesure : certaines formes font penser à... on complète avec d'autres taches, c'est entre le hasard et l'imposé !

Bulles de savon

ÂGE : à partir de 4 ans

TEMPS : 5 min

NOMBRE : individuel

LIEU : extérieur

MATÉRIEL :
- 1 verre
- 2 cuillerées à soupe d'eau
- 3 cuillerées à soupe de liquide vaisselle
- 1 cuillerée à café de sucre en poudre
- du fil de fer ou 1 paille

Fabrication : Mélangez les ingrédients dans le verre • Tordez le fil de fer de façon à obtenir une boucle.

Le jeu : L'enfant trempe la boucle dans le mélange et souffle délicatement. Observez les couleurs.

Conseil : La boucle en fil de fer convient bien à l'enfant plus jeune : avec la paille, il peut être tenter d'aspirer le liquide au lieu de le souffler.

Peintures bulles

ÂGE : tous

TEMPS : 10 min

NOMBRE : individuel

MATÉRIEL :
- eau + liquide vaisselle ou savon liquide
- encres de couleur + papiers à décorer (carrés de 20 cm)
- paille + bols

Fabrication : Dans les bols, mélangez eau, savon et une encre de couleur • Préparez une couleur par bol.

Déroulement : L'enfant souffle dans le bol de façon à ce que la liquide mousse et fasse des bulles • Proposez-lui de poser délicatement les carrés de papier sur les bols : les bulles éclatent, des formes apparaissent et décorent le papier !

La terre

Comptine

Un ver de terre
Cherchait la mer.
Il creuse un trou.
Zut, un caillou !
Il creuse encore,
Il trouve de l'or.
Il se tortille,
Voit une chenille :
Où est la mer ?
Derrière la terre !
Vraiment trop loin,
Je reste dans le coin !

La terre : c'est quoi ?

Observer et décrire

ÂGE : tous
TEMPS : 10 min
NOMBRE : groupe
LIEU : intérieur

Déroulement : Posez la question aux enfants et notez leurs réponses : « On la voit. C'est marron. On marche dessus. On peut en prendre dans la main. C'est dur ou c'est mou si on la mouille. Il y a des arbres dessus et des racines dessous. On peut la modeler. On vit dessus mais on a besoin d'air pour respirer, de feu pour se chauffer et d'eau pour vivre… »

Expérience : Prenez un peu de terre et mouillez-la : on a de la boue !

Le morpion de cailloux

Jeu de logique et de stratégie

ÂGE : à partir de 4 ans

TEMPS : 10 min

NOMBRE : 2 enfants

LIEU : extérieur

Préparation : Cherchez avec deux enfants six cailloux : trois pareils pour chacun (blancs, gris, bruns…) • Tracez sur le sol un carré, ses diagonales, ses médiatrices.

Le jeu : Expliquez aux enfants qu'ils doivent essayer d'aligner trois cailloux de même couleur • Au début, chacun pose un caillou et, à tour de rôle, essaye d'empêcher l'autre d'aligner ses trois cailloux • Puis chacun déplace un caillou et… l'un des deux va gagner !

Remarque : Un jeu classique, facile à fabriquer avec les moyens du bord : un papier, un crayon, des boutons, des haricots, des coquillages…

La randonnée : les signes

ÂGE : à partir de 4 ans

TEMPS : 10 min

NOMBRE : individuel

LIEU : extérieur

MATÉRIEL :
- 1 petit carnet
- 1 crayon rouge
- 1 crayon noir

Déroulement : En randonnée, montrez à l'enfant les signes qui indiquent le chemin : Tout droit ! À droite ! À gauche ! Mauvaise direction ! • C'est lui qui vous les indiquera. Il en sera très fier.

Conseil : Essayez de lui faire dire si c'est « à droite » ou « à gauche » qu'il faut tourner et pas seulement « par là »… Vous pouvez aussi fabriquer ces signaux avec des cailloux et des branchettes de bois.

Un peu d'écologie

Conscience et responsabilité

ÂGE : tous

TEMPS : 10 min

NOMBRE : individuel

LIEU : extérieur

Après le pique-nique, on ne laisse rien derrière soi : on ramasse tout dans un sac et on le jette dans une poubelle.

L'enfant est sensible au tri des déchets. Il saura jeter les bouteilles, les cartons, les plastiques, les papiers, les déchets dans les poubelles prévues.

Collections de terre

Pour rêver

ÂGE : à partir de 4 ans

TEMPS DE LA PROMENADE : ± 5 min

NOMBRE : individuel

LIEU : extérieur

MATÉRIEL :
- 1 bouteille de verre blanche
- des petits pots de verre
- 1 tamis ou 1 passoire

Déroulement : Quand l'enfant se promène, suggérez-lui de rapporter de la terre dans un petit sac en plastique • En rentrant, il passe cette terre au tamis • Puis il verse la terre dans un petit pot, le reste dans la bouteille • Sur une petite étiquette, écrivez la date et le lieu de la provenance • Recommencez en d'autres occasions et dans d'autres lieux.

Remarque : Dans un groupe, avant les vacances, demandez aux enfants de rapporter de la terre ou du sable. Au retour, on fait une exposition des petits pots : on est très étonnés de la variété des couleurs des terres !

Courrier terr... ible ! : Proposez-lui d'envoyer à un ami un dessin et un petit sachet de terre ou de sable de son lieu de vacances.

Maison de terre

Réaliser une vraie maquette !

ÂGE : tous

TEMPS : 10 min

NOMBRE : individuel ou groupe

MATÉRIEL :
- terre à modeler ou terre glaise récupérée près d'une mare
- petits cailloux, branchettes, paille
- couteau à bout rond
- matériel de modelage
- 1 planche carrée (20 x 20 cm) ou 1 couvercle métallique de boîte à biscuits

Dans les pays chauds, parfois les maisons sont en terre. On y ajoute de la paille, des cailloux et c'est solide. Cherchez des documents illustrant ces types d'habitations (en Afrique, Chine du Nord, Yémen…)

Préparation : Avec l'enfant, recouvrez la planche de terre.

Déroulement : « Imagine ta maison avec les éléments que tu as. » • Certains vont faire des murs droits, arrondis, avec ou sans cailloux. Le toit sera en branchettes, en paille, en terre… • « Maintenant fabrique un paysage : des branchettes pour les arbres, des cailloux pour les rochers sans oublier un petit personnage ! »

Conseil : Exposez les maisons comme un village !

Têtes de terre

Pour jouer avec les expressions du visage

ÂGE : tous

TEMPS : 15 min

NOMBRE : individuel

LIEU : intérieur

MATÉRIEL :
- 1 boule de terre
- matériel de modelage
- allumettes
- toile cirée
- 1 rouleau à pâtisserie
- 1 miroir

Préparation : Étalez la boule de terre au rouleau à pâtisserie • Demandez à l'enfant de mimer quelqu'un de joyeux, de triste, en colère. Il s'entraîne et s'observe devant un miroir • Dessinez ces trois expressions sur une feuille de papier • Affichez-les.

Déroulement : L'enfant crée sa tête à partir du rond de terre aplati • Il peut couper, griffer, piquer, détourer avec le couteau, les allumettes, le matériel de modelage mais il n'ajoute pas de terre (pas de boules ni de petits morceaux) • Faites cuire dans un four de cuisine ou laissez sécher au soleil.

Conseils : Prévoyez un trou dans le haut pour accrocher la tête de terre. Dans un groupe, chaque enfant fabrique une tête et on organise une exposition.

Peintures préhistoriques

Créer ses couleurs avec des matières naturelles : végétales, animales, minérales

ÂGE : tous

TEMPS : 5 min

NOMBRE : individuel

LIEU : intérieur ou extérieur

MATÉRIEL :
- papier kraft : 1 grande feuille d'emballage ou en rouleau
- des bouchons
- jaunes d'œuf
- café soluble, cacao
- épices : curcuma, paprika
- chou rouge, épinards, pelures d'oignons (roses ou violets)
- des récipients : ramequins, tasses…

Préparation : Montrez aux enfants des reproductions de dessins préhistoriques trouvés dans des grottes • Expliquez : « Il y a très longtemps, des hommes vivaient dans des grottes et fabriquaient eux-mêmes leur peinture » • Proposez-leur de créer leur peinture avec des matières naturelles et de dessiner des animaux sur le papier kraft.

Fabrication des couleurs : Pour le noir : faites brûler l'extrémité d'un bouchon • Pour les autres couleurs, mélangez avec un peu d'eau : de la poudre (café, cacao, épices), des végétaux mixés (une cuillère à soupe d'épinards, de chou rouge), du jus de cuisson de pelures d'oignons, de la terre • Liez avec du jaune d'œuf. Vous obtenez une pâte moyennement liquide facile à étaler aux doigts • Répartissez les couleurs obtenues dans des petits récipients.

Déroulement : Chiffonnez le papier kraft, dépliez-le et punaisez-le au mur • L'enfant choisit ses couleurs, commence ou termine son dessin par le noir de bouchon (trempé aussi dans du jaune d'œuf) • Il dessine un animal ou un personnage influencé par les lignes du chiffonnage ou non.

Conseil : Les dimensions du papier kraft varient selon le nombre de participants.

Le feu

Chanson

Au feu les pompiers : la maison qui brûle !
Au feu les pompiers : la maison brûlée !

Pour jouer avec les mots

Dire très vite et plusieurs fois :
« Fou, fin, faux, faon, fond, fût, feu ! »
« Chou, chouette, chat, chien, choix, chaud ! »

Le feu : c'est quoi ?

Décrire, comprendre, prévenir

ÂGE : tous

TEMPS : 10 min

NOMBRE : groupe

LIEU : intérieur

Déroulement : Posez la question aux enfants et notez leurs réponses : « C'est chaud, ça brûle. On ne peut pas le toucher. C'est jaune, rouge orange. Il y a des flammes. Le soleil, c'est du feu. Dans la cuisine il y a du feu. C'est pour cuire les aliments. Des fois ça brûle et ça fume ! Les allumettes donnent du feu. Les pompiers éteignent le feu avec de l'eau. Sur les gâteaux d'anniversaire, on allume des bougies. Il y a des flammes, on souffle dessus pour les éteindre. »

Un conseil de pompier : On peut leur montrer une flamme en grattant une allumette : ainsi ils satisferont leur curiosité et ne seront pas tenter de le faire tout seul.

1, 2, 3 soleil !

ÂGE : tous

TEMPS : 10 min

NOMBRE : groupe

LIEU : intérieur

But : Arriver le premier au mur sans être vu (brûlé par le soleil).

Préparation : Un enfant est face à un mur • Les autres enfants sont à 10 m derrière une ligne.

Le jeu : L'enfant commence, retourné, face au mur : « 1, 2, 3 soleil ! » • Pendant ce temps, les autres avancent dans sa direction et à « soleil » ils s'arrêtent • Celui qui est vu en train de bouger, par le meneur, est « brûlé » et retourne au départ • Le premier qui arrive au mur sans être vu a gagné et devient le meneur !

Conseil : Avec les plus jeunes, soyez le meneur jusqu'à ce que la règle soit bien comprise. Un jeu classique qui demande attention et prise de risque !

Les flammes et l'eau

Un jeu d'esquive, de stratégie et de coopération

ÂGE : à partir de 4 ans

TEMPS : 5 min

NOMBRE : pair

LIEU : extérieur

MATÉRIEL :
- 2 cartons d'emballage
- des foulards rouges et des foulards bleus

But : Attraper les foulards de l'autre équipe.

Préparation : Divisez le groupe en 2 équipes. Elles sont l'une en face de l'autre à 10 m • Donnez aux uns les foulards rouges aux autres les bleus • Chacun accroche son foulard dans son dos (à la ceinture ou dans le pantalon) • Posez un carton près chaque équipe.

Déroulement : Expliquez : « Ceux qui ont un foulard rouge sont les flammes, les autres qui ont un foulard bleu sont l'eau • Chacun va essayer d'attraper le foulard d'un adversaire • Celui qui en attrape un, le porte dans le carton de son équipe : à ce moment-là on ne peut pas l'attaquer • Celui qui n'a plus de foulards va s'asseoir dans son camp • Le jeu s'arrête quand il n'y a plus de foulards à attraper • Qui gagnera ? L'eau ou le feu ?

Conseil : Si le jeu est trop long, arrêtez-le à un signal : l'équipe qui a remporté le plus de foulards a gagné !

Les balles brûlantes

Un jeu de réflexe, de lancers et de déplacements rapides

ÂGE : tous

TEMPS : 10 min

NOMBRE : groupe

LIEU : intérieur ou extérieur

MATÉRIEL :
des balles en mousse (autant que d'enfants)

Préparation : Répartissez les enfants en deux équipes • Tracez une ligne pour diviser le terrain de jeu en deux.

Le jeu : Chaque enfant a une balle (brûlante) et la lance dans le camp adverse • En même temps, il doit relancer toutes les balles qui arrivent dans son camp (pour ne pas être brûlé) • À votre signal, le jeu s'arrête : l'équipe qui a le moins de balles dans son camp a gagné !

Variante : Changez les balles contre des ballons en mousse (très brûlants).

La danse du feu!

Des couleurs pour danser

ÂGE : tous

TEMPS : 10 min

NOMBRE : groupe

LIEU : intérieur

MATÉRIEL :
- papier crépon rouge, jaune, orange
- ficelle
- musique vive

Fabrication : Découpez des bandes de papier crépon de 1 m de long sur 3 cm de largeur • Une flamme est composée de trois bandes des trois couleurs, nouées ensemble en leur milieu • Gardez 20 cm de libre et faites une boucle comme une poignée.

Déroulement : Demandez aux enfants d'écouter la musique (Ceci leur permet d'être dans une attitude d'écoute générale : par rapport à eux-mêmes, aux autres et bien sûr à la musique) • Que leur évoque-t-elle ? • Puis donnez à chacun deux flammes : une dans chaque main • Expliquez-leur : « Vous êtes des flammes, dansez avec la musique ; quand la musique s'arrêtera... les flammes s'arrêteront aussi. »

Conseils : Sur la musique, l'enfant aime danser avec des accessoires. Avec ces bandes colorées, ses mouvements seront amplifiés. Choisissez une musique qui aidera l'enfant à s'exprimer, à inventer, à réagir par des attitudes et des mouvements spontanés. Prenez le temps de l'écouter attentivement avant les séances. Il est intéressant aussi avec des plus grands, de travailler avec un demi-groupe d'enfants, les autres étant spectateurs : ce regard extérieur créera non seulement des échanges, des remarques entre les 2 groupes mais fera prendre conscience aux enfants de ce qu'ils font.

Pommes de terre en papillotes

Recettes sur les braises

ÂGE : tous

TEMPS : 10 min

NOMBRE : groupe

LIEU : individuel

INGRÉDIENTS :
- 1 pomme de terre épluchée, lavée
- 1 oignon épluché, tranché
- 1 tomate lavée, tranchée
- sel, poivre, thym
- huile d'olive dans une tasse

MATÉRIEL :
- 1 pinceau
- papier d'aluminium

Déroulement : Avec l'enfant, préparez une première papillote, il sera fier de faire les autres • Étalez des carrés de papier d'aluminium et badigeonnez-les d'huile d'olive avec le pinceau • Sur une planche, coupez les pommes de terre en tranches ou en petits morceaux • Disposez sur le papier d'aluminium : des tranches d'oignons, des morceaux de pommes de terre et des rondelles de tomates • Saupoudrez de sel, de poivre et de thym • Fermez le petit paquet en roulant les bords.

Décoration : Piquez une boule de papier d'aluminium légèrement allongée pour faire la tête d'un animal dans la papillote • Faites cuire sur la braise… ou à défaut au four.

Variante : De la même façon, faites préparer par l'enfant des filets de poisson, des petits morceaux de poulet ou des pommes et de la confiture • Proposez-lui de faire des essais. Une bonne idée pour les enfants qui ne sont pas « amis » avec la nourriture !

Encre magique

Petite expérience chimique

ÂGE : à partir de 4 ans

TEMPS : 5 min

NOMBRE : individuel

LIEU : intérieur

MATÉRIEL :
- jus de citron
- 1 plume et 1 porte-plume
- 1 papier

Déroulement : Dessinez ou écrivez un message à un enfant • Montrez-lui comment le voir ou le déchiffrer grâce à une source de chaleur : sur un radiateur ou au four quelques minutes, le trait apparaît • Proposez-lui d'utiliser cette encre magique pour étonner ses amis.

Le dragon, cracheur de feu!

Réaliser une œuvre qui illustre les 4 éléments!

ÂGE: à partir de 4 ans

TEMPS: 25 min

NOMBRE: individuel

LIEU: intérieur

MATÉRIEL:
- 2 feuilles de papier à dessin A3
- des feuilles de couleur A4
- 1 assiette en carton
- 1 rondelle de bouchon
- gouache et pinceaux: 1 moyen et 1 gros
- pastels à la cire
- éponge
- cotons-tiges
- colle, agrafeuse, ciseaux

Préparation: Sur une feuille, tracez une ligne horizontale au tiers de la page et cinq zones en dessous • Calquez les patrons de la tête, la queue, les pattes et les ailes (p. 221) • Repassez avec un gros trait de feutre noir • Photocopiez en autant d'exemplaires que d'enfants sur les papiers de couleur • Sur un rectangle de papier blanc de 10 x 5 cm, calquez et photocopiez la langue de feu.

Déroulement: Expliquez en montrant la feuille: «En haut voici le ciel, en bas la terre. Le ventre du dragon est une assiette.» • L'enfant peint le ciel avec quelques nuages. Dans les zones de terre, avec des pastels sépia, brun, ocre, rouge, il dessine des graphismes simples (points, traits, rayures). Il passe une éponge mouillée de gouache marron liquide.

Le dragon: Faites peindre l'assiette de la couleur du dragon • L'enfant peint ensuite le feu sur le rectangle de 10 x 5 cm: touches de gouache jaune et rouge juxtaposées • Après séchage, il retourne sa feuille et découpe la forme des langues • Avec un coton-tige trempé dans de la gouache claire, il dessine des points sur l'assiette et les ailes • Il peint la rondelle de bouchon en blanc et noir pour l'œil • Il découpe tous les éléments : tête, queue, pattes et ailes.

Montage du dragon : Collez la langue • Pliez l'assiette à 2 cm du bord • Collez ou agrafez la tête et la queue sous l'assiette • L'enfant dispose le dragon et les pattes sur le fond et les colle ainsi • Il colle l'œil et une petite antenne en papier, la tête et la queue • Il rajoute des griffes au pastel.

INDEX

VIVRE ENSEMBLE

LANGAGE

CRÉATIVITÉ ET 5 SENS

DÉCOUVERTE DU MONDE

SPORT ET JEUX COLLECTIFS

PATRONS

216

219

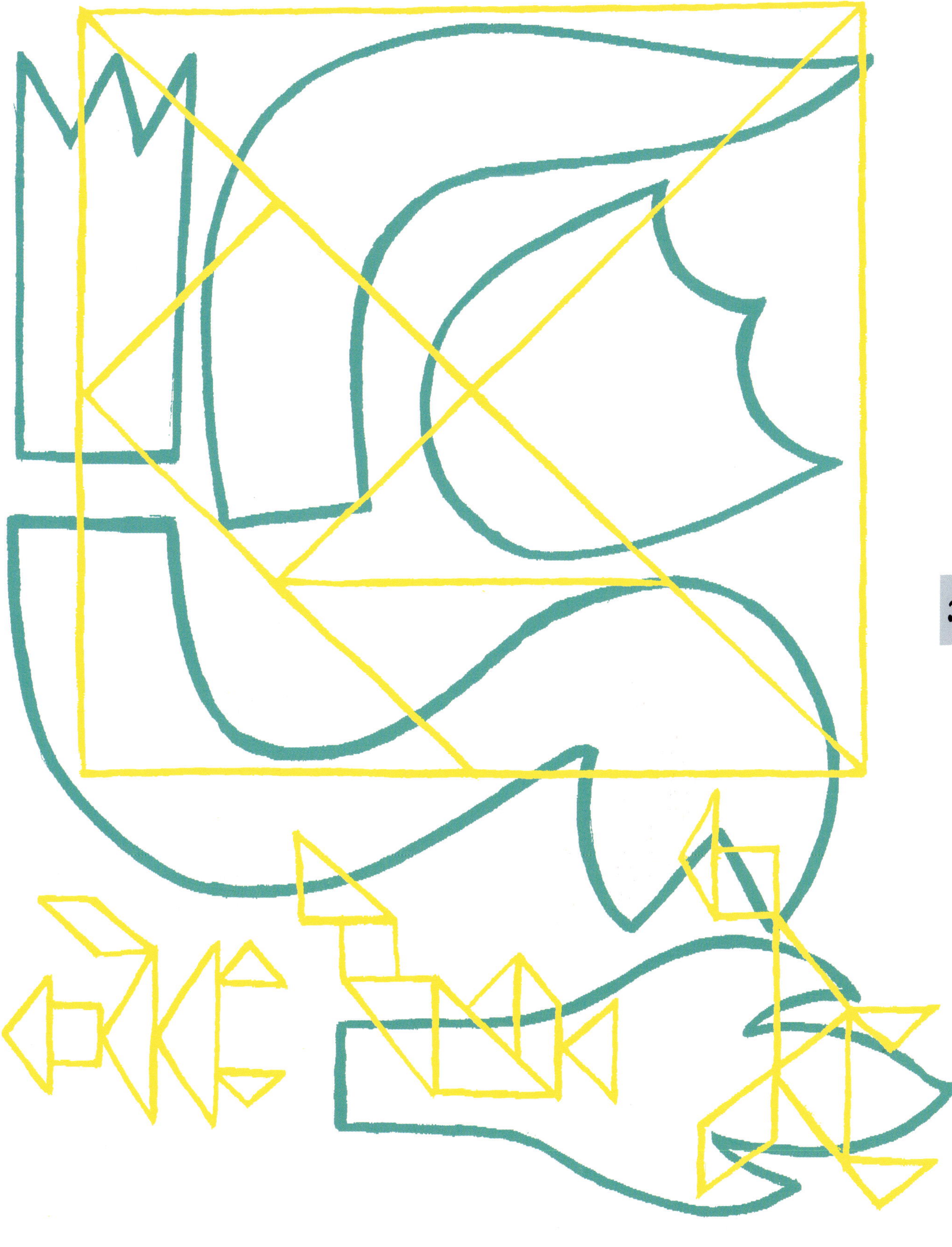